緊急事態宣言——学生アスリートたちの闘い

最後の一年

東京大学アメリカンフットボール部
日本大学アメリカンフットボール部
明治大学ラグビー部
早稲田大学ラグビー部
天理大学ラグビー部
青山学院大学陸上競技部
創価大学陸上競技部駅伝部
東洋大学陸上競技部
京都大学硬式野球部
大阪青山大学女子ソフトボール部
福島県立磐城高校野球部
茨城県立石岡第一高校野球部
愛知県立豊橋西高校野球部
高知県立室戸高校野球部
佐賀女子高校ソフトボール部
桐蔭学園高校ラグビー部
奈良県立御所実業高校ラグビー部
青森県立五戸高校サッカー部
駒澤大学付属苫小牧高校スピードスケート部
鹿児島県立鹿屋工業高校ボクシング部
東京都立大島海洋国際高校端艇部
岐阜県立岐阜商業高校応援部
筑波大学付属視覚特別支援学校フロアバレーボール部
埼玉県坂戸市立桜中学校バレーボール部
中学硬式野球チーム「江東ライオンズ」
ドッジボールの少年団「高階イーグルファイターズ」
中京大学付属中京高校
札幌市立向陵中学校吹奏楽部

毎日新聞運動

毎日新聞

部
出版

最後の一年

緊急事態宣言——学生アスリートたちの闘い

はじめに

澄み渡る春の青空をあれほど恨めしく思ったことはなかった。

2020年4月、新型コロナウイルスの感染拡大で政府の緊急事態宣言が全国に発令されていた。「家族でステイホームを」。不要不急の外出自粛が呼びかけられ、学校、街角や公園から人影が消えた。先の見えない中、真偽不明の情報が飛び交い、食料品や日用品の買い占めが続いた。殺伐とした空気と、閉塞《へいそく》感が社会全体を覆っていた。

スポーツ界では、3月24日、夏に予定されていた東京オリンピック・パラリンピックの1年延期が決定し、国内スポーツも相次ぎ中止に追い込まれていた。トップから草の根レベルまで、一様に日常からスポーツ大会が消えた。現場を失ったのは選手だけではなく、私たち毎日新聞運動部の記者も同じだった。予定していた取材が相次いでなくなり、在宅勤務が呼びかけられた。「記者たるもの、まずは現場へ走れ」。そう教え込まれてきた私たちは180度の環境の転換に戸惑った。この状況で何が書けるのか、何を書かなくてはならないのか、試されている気がした。

連載は入社7年目の黒川優記者の呼びかけがきっかけで始まった。今後の取材の構想をチャットアプリで出し合っていた時、活動が止まった学生スポーツの現場の切実な思いを描きたいと書き込んだ。黒川記者は一橋大学ラグビー部で副将を務めた元ラガーマンで、現役部員からメーリングリストでOB宛てに相次いで届いた「部活動休止のお知らせ」「再開時期未定」のメールに心を痛めていた。「秋の大会から逆算して1年間のスケジュールを立てることの大切さは身に染みて分かっていたので、自分だったら心が折れてしまうんじゃないかと思った」という。

そこからアイデアを膨らませて生まれたのが「#最後の1年」だった。小学生から大学生まで、競技生活の集大成である最終学年を迎えた選手たちに焦点を当てることにした。感染対策から「密着」を避けなければならない中、どこまで取材がかなない、胸中に迫れるのか、不安はあった。だが、仲間との残り時間が刻々とカウントダウンを続ける最終学年の選手たちの切迫感を同時進行で伝え、卒業していく時にどんな言葉を残すのか見届け、記録したい。覚悟を決め、取材班は動き出した。

最初は電話取材やオンライン取材が中心となった。特にパソコン越しのオンライン取材は、多くの記者にとって初めての経験だった。この企画で天理大学ラグビー部や奈良県立御所《ごせ》実業高校ラグビー部などを取材した入社8年目の長宗拓弥記者は当初、慣れないやり取りに戸惑った。「対面取材のように場が温まらず、根掘り葉掘り聞きづらい空気感があった」という。だが中学から大学まで10年間、野球部に所属した長宗記者は自身の経験を基に、相手の置かれた苦境を想像し、胸中に迫る努力を続けた。次第に距離が縮まり、「兄貴的な感情になっていた」8月、天理大ラグビー部では部員62人の集団感染が起きる。

2018年平昌《ピョンチャン》冬季パラリンピックを現地取材するなど障害者スポーツの取材を続ける入社11年目の谷口拓未記者は、筑波大学付属視覚特別支援学校フロアバレーボール部を取材先に選んだ。社会的に感染対策のための「ソーシャルディスタンス」の確保が叫ばれたが、視覚に障害のある選手には簡単なことではない。部活動再開はより慎重にならざるを得ない。北海道遠《えん》軽《がる》高校野球部主将として夏の甲子園まであと1勝だった北北海道大会決勝で敗れた経験を持つ谷口記者は、戦うことすら許されず、「盲学校の甲子園」と称される「全国盲学校フロアバレーボール大会」への道が断たれた選手たちの思いに迫る。

取材班キャップとして指揮を執った入社15年目の小林悠太記者は、草の根のスポーツの動きを追う。埼玉県川越市に拠点を置くドッジボールのスポーツ少年団「高階《たかしな》イーグルファイターズ」への取材では、医療現場などで働く親が子供たちの練習参加を巡り苦渋の決断を迫られたことを知る。立教大学バレーボール部出身の小林記者は、埼玉県坂戸市のバレーボール一家にも取材を続けた。目標の大会が中止となり、スパイクが打てる日がいつ戻るとも分からない中、黙々と公園を走り続ける主人公の中学生の姿に「成績や名誉のためでなく、好きだからスポーツをやる」という原点を教えられていくのである。

他にも多くの運動部の記者が取材班に加わり、2020年5月から2021年4月までに90本近い記事を毎日新聞のニュースサイトと紙面で連載した。本書はその中から反響の大きかった記事に、新たに取材した記事も加え、季節ごとに5章にまとめた。さらに、記事に対し寄せられた声も番外編として加えてある。

デスクワークを担当した私は、手探りで取材を始めた記者たちが次第に取材対象に近づき、本心に迫っていくのを原稿を通じて感じた。そして、どれほど閉塞感が世の中を包み込もうとも選手たちの折れないハートに勇気をもらい、いかに人間とは強いものなのかを知った。感染拡大の中、どんなドラマが展開されていたのか、選手や家族たちにとってスポーツはどんな存在だったのか、時に記者の姿も思い浮かべながら読み進めてほしい。

毎日新聞東京本社運動部長
藤野智成

目次

はじめに　3

第1章　2020年 春
感染が広がり練習が中止。寮は閉鎖され、グラウンドから歓声が消えた

病の先に夢見た甲子園、
努力の日々は色あせない
愛知県立豊橋西高校野球部　谷町 源　18

迫る廃校、それでも「町のシンボル」を
もう一度よみがえらせたい
青森県立五戸高校サッカー部　榎本叶翔　21

バットを手に原点を見つめ直す、
「やるべきことをやりきるだけ」
京都大学硬式野球部　北野嘉一、立平夏己　26

ラグビーは人づくり、
人として成長することが最大の目標
奈良県立御所実業高校ラグビー部　監督・竹田寛行　30

不条理か好機か……
挑戦者の苦悩は続く ―― 東京大学アメリカンフットボール部 唐松星悦、ヘッドコーチ・森 清之 ―― 34
大学ラグビー、
宿命の両雄が下した決断 ―― 明治大学ラグビー部 箸本龍雅 早稲田大学ラグビー部 丸尾崇真 ―― 39
「空白」を乗り越えた先に
真のハングリーさがある ―― 鹿児島県立鹿屋工業高校ボクシング部 荒竹一真 ―― 44
練習再開、河川敷のグラウンドに
響く少年たちの声 ―― 中学硬式野球チーム「江東ライオンズ」 川内結太 ―― 48
3度目の壁、乗り越えた先には
必ず光がある ―― 日本大学アメリカンフットボール部 林 大希 ―― 53
空白の時間が教えてくれたもの――
箱根へ思いをつなぐ ―― 東洋大学陸上競技部 吉川洋次 ―― 59
「人の役に立ちたい」
――全盲の17歳、再び前へ ―― 筑波大学付属視覚特別支援学校 フロアバレーボール部 田辺 凪 ―― 66

第2章 2020年 夏
練習再開を待ちわびた日々、その思いをグラウンドにぶつける

マウンドを降りた小さなエースが踏み出した、大きな一歩　佐賀女子高校ソフトボール部　大石華梨　74
いつか再び室戸から甲子園へ――6校16人チームに込めた願い　高知県立室戸高校野球部　山川将輝　79
「感謝」を体現するため、ラストチャンスに挑む　天理大学ラグビー部　シオサイア・フィフィタ　84
再結束を果たし、甲子園でよみがえるコバルトブルー旋風　福島県立磐城高校野球部　岩間涼星　91
先輩の命を次の世代へつなぐ、30回目の「7月24日」　奈良県立御所実業高校ラグビー部　監督・竹田寛行　96
「卒業より挑戦」大学5年生、伝説と現役のラガーマン　早稲田大学ラグビー部　大平純造　102
唯一の女子球児として、白球と夢を追い続けた夏　茨城県立石岡第一高校野球部　浜田芽里　111
日本バレー界のダイヤの原石、61歳差、「鬼」の名伯楽と対決の日々　埼玉県坂戸市立桜中学校バレーボール部　徳留巧大　117
子供にプレーさせたいけど……医療従事者両親の苦渋の決断　ドッジボールの少年団「高階イーグルファイターズ」仲丸桜誠、岡敬介　123

「青い炎」を宿す指揮官のもと、名門復活へ向けて本格始動 日本大学アメリカンフットボール部 監督・橋詰 功 130

第3章 2020年 秋 手探りの中、試合ができる喜びに改めて勝利を誓う

大会中止、それでもオールをこぐ――伊豆大島、カッター部13人の挑戦 東京都立大島海洋国際高校端艇部 中村龍鵬 138
衝突を恐れず、裏方として感染対策に全力で取り組む 東京大学アメリカンフットボール部 富永 藍、天野裕香、八柳 旭 143
両親への感謝の思いを胸に、日本一奪還を誓う 明治大学ラグビー部 梅川太我 149
銀盤の大先輩に背中を押され、名門復活への一歩を踏み出す 駒澤大学付属苫小牧高校 スピードスケート部 清水彩花 154
悔しさや無念さは川柳に込めて、異例のシーズンを駆け抜けた 大阪青山大学女子ソフトボール部 丁田紗也香 160
クラスター発生、相次ぐ中傷……コロナ禍耐えた主将が誓う恩返し 天理大学ラグビー部 松岡大和 166

悲願の日本一へ王手をかけた、「鬼監督」集大成の勝利
奈良県立御所実業高校ラグビー部 監督・竹田寛行 171

「先を読む力」磨き上げ、選手の先を走る陰のランナー
東洋大学陸上競技部 三宅優太 174

晩秋も続く新入生歓迎活動、未来に種をまく挑戦者たち
東京大学アメリカンフットボール部 竹田 駆 180

舞台は消えてもエールは消えない、女子部員19人の声が高らかに響く
岐阜県立岐阜商業高校応援部 田中一葉 186

この団旗、降ろす時
岐阜県立岐阜商業高校応援部 平田雪衣 192

第4章 2020〜21年 冬
空白の時間が自分たちを強くした。何があっても心は折れない

守護神、無念の脱臼……青い花束を手に涙の終幕
東京大学アメリカンフットボール部 助川左門 200

関東大学ラグビー、伝統の早明戦で両雄が激突 —— 明治大学ラグビー部 高橋広大 / 早稲田大学ラグビー部 下川甲嗣 —— 203
託されたエース番号「10」を背負い、魂を込めた19のパス —— 日本大学アメリカンフットボール部 林 大希 —— 210
たった1人の初心者として、戦いはまだまだ終わらない —— 早稲田大学ラグビー部 坪郷智輝 —— 214
シャイな素顔に燃えるような闘志を秘め、悩みながらも前に進む —— 明治大学ラグビー部 箸本龍雅 —— 221
箱根駅伝「まさか」を起こした挑戦者たち —— 創価大学陸上競技部駅伝部 三上雄太 —— 227
運命を努力で変えた、「最初で最後」の箱根を走った3位の立役者 —— 東洋大学陸上競技部 野口英希 —— 230
本番直前の主将離脱を乗り越え、一体感でつかんだ復路優勝 —— 青山学院大学陸上競技部 神林勇太 —— 237
オンラインを駆使し、実戦感覚を養う —— 冷静な取り組みが連覇をもたらした —— 桐蔭学園高校ラグビー部 佐藤健次 —— 241

第5章　2021年 春
卒業を迎え、それぞれが新しいステージへ

「全ては上井草にあり」——第103代主将として伝統の教えを継ぐ　早稲田大学ラグビー部　丸尾崇真　250

「不条理」に立ち向かった経験を生かし、自分たちの代を超えていけ　東京大学アメリカンフットボール部　唐松星悦　256

努力は裏切らない、「遅咲きプレーヤー」としてコツコツと前に進む　天理大学ラグビー部　市川敬太　261

情熱の炎は消えない、名物監督の第2章の幕が上がった　奈良県立御所実業高校ラグビー部　監督・竹田寛行　267

けがに泣き、復帰かなわず……だが、大器はいつか必ず輝く　明治大学ラグビー部　山沢京平　273

現状に満足してはいけない——主将の指導が後輩に、そして自分に　京都大学硬式野球部　北野嘉一　281

「部活の努力は宝物」、病を深く知る身だからこそ学究の道へ　愛知県立豊橋西高校野球部　谷町 源　286

「島よ、さらば」、喜びも悔しさも
全てかけがえのない「宝物」
東京都立大島海洋国際高校端艇部
船橋れん 291

第6章 番外編

逆境の中で見つけた光、授業で活用
中京大学付属中京高校
国語科・坂元路子教諭 298

命や日常、大切さをかみ締めて
中京大学付属中京高校バドミントン部
3年 相坂捺寧さん 300

仲間との活動を自分の支えに
中京大学付属中京高校ダンス部
3年 奥村美咲さん 302

音楽の力、信じて練習に励む
札幌市立向陵中学校吹奏楽部
3年 須田羽奈さん 305

記事を通して広がる共感の輪
筑波大学付属視覚特別支援学校
フロアバレーボール部顧問・古田義之輔教諭 309

おわりに 312

凡例

＊本書は、毎日新聞運動部によるニュースサイトおよび紙面での長期連載「#最後の1年」（2020年5月～2021年4月）を中心に、加筆修正を施し編集したものです。

＊文中の名前の表記、所属、肩書、年齢などは連載時のままです。ただし、掲載後の最新情報を加筆している部分もあります。

＊第1～第5章では、部員は敬称略としています。

感染が広がり練習が中止。
寮は閉鎖され、グラウンドから歓声が消えた

第1章 2020年 春

オンラインミーティングに臨む
奈良県立御所実業高校ラグビー部の部員たち。左上が竹田寛行監督
(2020年5月3日＝Zoomから)

病の先に夢見た甲子園、努力の日々は色あせない

愛知県立豊橋西高校野球部
谷町 源

愛知県豊橋市の自宅の部屋で一人、愛知県立豊橋西高校3年で野球部主将の谷町源《はじめ》（18）はジャージーでスマートフォンを手にしていた。

「夏の甲子園、中止決定」

病と闘いながら白球を追ってきた谷町の目にニュース速報が飛び込んできた。5月20日午後、日本高校野球連盟は新型コロナウイルスの感染拡大を受け、夏の全国高校野球選手権大会の中止を決めた。何も手につかず、気づけば1時間以上、ぼんやりとしていた。

思えば、一度は諦めたはずの野球だった。小学3年の時、右足のペルテス病と診断された。大腿骨《だいたいこつ》の先端が壊死《えし》し、変形する病で、6歳ごろから痛みを感じていたが、検査を繰り返しても病名がつかないでいた。プロ野球の中日ドラゴンズのファンで、スポーツ少年団で野球を始めたばかりだったが、滋賀県の病院で手術し、約2カ月入院。

野球を続けながら定期的に検査を受けたが、状態が思わしくなく、中学2年時にも再び手術した。しばらく松葉づえ生活を強いられ、中学卒業と同時に競技から離れるつもりでいた。

高校に入学した春、教室で不意に声をかけられた。赴任したての林泰盛監督（39）だった。前任の県立豊橋工業高校で2015年、21世紀枠で選抜高校野球大会出場を果たしていた熱血

漢。弱小チームの強化に乗り出そうと、中学時代に野球をしていた生徒の名前を書き出したファイルを手にしていた。熱烈な勧誘を受けた。谷町は思うように走れないことから気後れしたが、林監督は「大丈夫だ」と背中を押した。再びユニホームに袖を通したが、やはり疲れがたまると痛みが出た。練習試合で打球が外野に抜けても一塁に駆け込めず、アウトになってしまう。分かっていたこととはいえ、皆と同じ練習メニューはこなせない。林監督から紹介された専門トレーナーと筋肉の使い方から探る取り組みを始めたが焦りは募った。

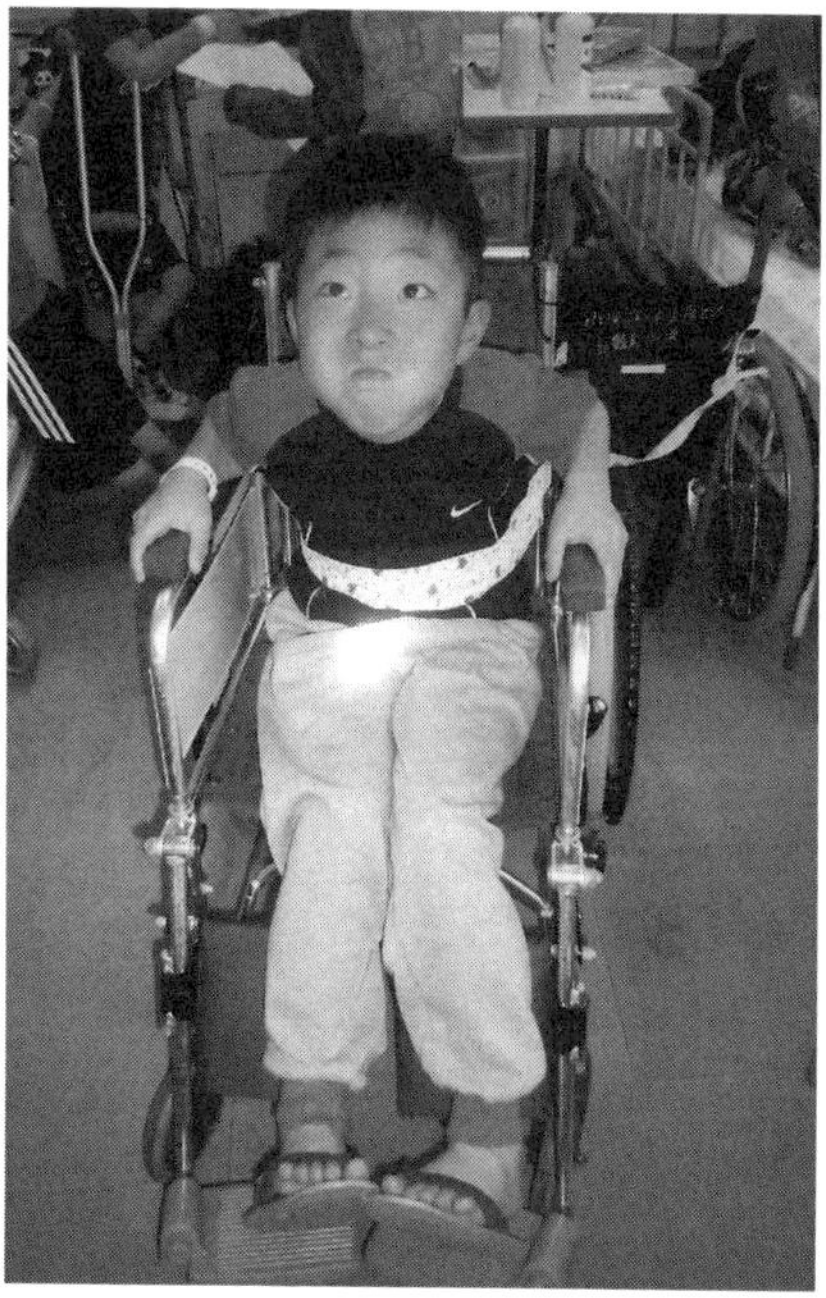

右足患部に入れたボルトを除去する手術を受けた直後の谷町源（滋賀県守山市の県立小児保健医療センターで2012年＝家族提供）

甲子園を目指す思いは皆同じ

努力は実り、1年の冬ごろから動きが劇的に改善。内野の守備で強い打球にも飛びつけるようになった。2019年夏、愛知県大会3回戦で敗れ、代替わりすると、林監督から主将に指名される。引退する3年生が「次は谷町しかいない」と口をそろえたからだった。苦難に立ち向かう姿を先輩たちは見ていたのだ。

チームになくてはならない存在となった背番号「5」。谷町源は集大成の舞台を待ち望んでいる（家族提供）

迎えた最高学年。チームは力を蓄え、谷町も「いい戦いをする自信はあった」。ただコロナ禍で2月末から部活動自粛を繰り返した。「病気や自分の状況を恨むような言葉を口にしたことがない」と母の緑さん（44）が言う谷町だが、今回ばかりは「きつかった」。

5月20日の夏の甲子園中止発表後、自宅でテレビを見ていると、私立の強豪校の選手たちが泣いていた。だが自身は涙が出なかった。登校日だった翌日、グラウンドで観覧席に緑色のペンキを塗っている林監督の姿を見つけ、歩み寄って尋ねた。

「僕は泣けませんでした。あの人たちと違って、一生懸命やってなかったんですかね」

林監督は言った。

「彼らにとって甲子園は現実的な目標だが、俺たちにとっては遠い存在だった。そこは確かに違う。でも、お前たちが一生懸命頑張ってきたのは間違いない」

甲子園への挑戦が終わっても野球に投じてきた日々が色あせることはない。

5月14日に緊急事態宣言が解除され、授業は5月25日から再開される。間もなく全体練習も始められそうだ。愛知県高野連は代替大会の開催を検討しており、実現を信じて谷町は努力を続ける。

「大会を開いてほしい。やってきたことを試合で出したい」

何より今は仲間たちと泥にまみれたい。

迫る廃校、それでも「町のシンボル」をもう一度よみがえらせたい

青森県立五戸高校サッカー部
榎本叶翔

緑がまぶしい丘の上にある青森県立五戸《ごのへ》高校のグラウンドにサッカー部員15人が戻ってきた。新型コロナウイルスの感染拡大で一時は活動自粛を余儀なくされたが、5月14日に緊急事態宣言も解除され、日常を取り戻しつつある。全国高校総合体育大会は中止に追い込まれたが、冬の全国高校サッカー選手権大会は開催に望みが残る。失われた時間を取り戻すかのような気迫でボールを追い、主将を務める3年の榎本叶翔《かなと》（17）は「もう一度、必ず全国の舞台に返り咲く」と悲壮なまでの決意を込める。

ゲーム形式の練習に汗を流す榎本叶翔主将（左から2人目）ら（青森県五戸町の五戸高校グラウンドで2020年5月22日＝榎本叶翔主将提供）

それには訳がある。創部から63年、「小さな町のシンボル」だったサッカー部の歴史に２０２０年で幕が下りるのだ。

「五戸から全国を目指さないか」

１９２８年創立の同校にサッカー部が誕生したのは１９５７年。以来、全国高校総体に11回、全国高校選手権には14回出場し、１９８５年度の選手権で過去最高の8強入りした。だが五戸町の過疎化とともに部員数も減り、１９８９年度の選手権を最後に全国の舞台から遠ざかり、最近はせいぜい県大会16強止まり。人口減少に歯止めがかからず、２０１８年３月、２０２１年度末での廃校が決まった。今の2年生を最後に生徒募集は終わっており、サッカー部はチームが組める２０２０年度限りで廃部となる。

廃校の話が現実味を増す中で、最後に一花咲かせようと動いたのは、同校ＯＢでもある三浦豊監督（52）だった。１９８５年度の全国高校選手権に出場。

２０１６年リオデジャネイロ五輪サッカー男子日本代表で、現在はベガルタ仙台で監督を務める手倉森誠氏（52）らとともに五戸高を8強入りに導いたエースストライカーこそが、この三浦監督である。

「五戸から全国を目指さないか」

町外の強豪私学から誘いが舞い込む地元の中学生に、三浦監督はそう呼びかけた。榎本もその一人だ。

「すごい熱気だった。自分（の力）と監督を信じてみようと思った」

心を決めると、「最後に強豪校に一泡吹かせようぜ」と仲間を説得して回った。その結果、２０１８年春に入部した今の３年生の選手11人のほとんどが町内出身だった。

夢を追い、汗まみれの日々が始まった。今の２年生３人を加え新チームになった２０１９年秋の高校サッカー新人大会は２回戦で敗退したが、４強入りした三本木農業高校に０―１と善戦

筋力トレーニングに励むサッカー部員たち（青森県五戸町の五戸高校グラウンドで２０２０年５月22日＝榎本叶翔主将提供）

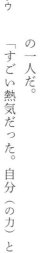

した。冬のトレーニングにも励み、心待ちにしていた春とともに訪れたのがコロナ禍だった。休校に伴う部活動の自粛も10日を過ぎた3月中旬、部員たちは不安に駆られた。

このまま何もしないで終われない――、部員たちで手分けし、感染防止対策の情報を集めた。選手間の距離を取れる練習を中心にする、各自が持参した飲み物だけを飲む、プレー中以外は常にマスクを着用する、会話は減らす……などのルールを決めると、三浦監督に直訴し、自主練習に集まった。居ても立ってもいられなかった。

パスなどの簡単な練習でも仲間といれば楽しかった。「当たり前だと思っていたことに感謝しなくてはいけないと思った」と榎本。

短時間で集中して取り組む意識も強まった。4月は休校と再開が繰り返されたが、5月7日からは通常通り登校し、部活動にも励んだ。

サッカーの町としての誇り

人口1万7000人弱の五戸町にとってもサッカーは特別な存在だ。五戸サッカー協会の前理事長で五戸町役場総務課長の石田博信さん（55）によると、東京農業大学サッカー部出身で高校教諭を務めた江渡達男氏（故人）が、戦後間もない1946年、故郷の五戸町で「五戸蹴球クラブ」を結成したことが始まりという。以降、町には少年から社会人まであらゆる年齢を対象としたチームが誕生し、1966年高校総体で初めて実施されたサッカー競技は県内で開催された。石田さんは「五戸中は五戸高と、五戸高は町役場のチームと、格上のチーム相手に毎週のように試合ができたのが、競技力が上がった要因でしょう」と説明する。五戸町の特産品である桜肉（馬肉）、坂の多い地形、サッカーの頭文字を取り「3Sの町」と呼ばれるようになった。町内唯一の高校の奮闘に町民も一喜一憂してきたから「地元にとっての楽しみや誇りのひとつがなくなるのは寂しいですね」と石田さんは惜しむ。

チームのスローガンは「つなぐ」。ボールだけでなく、人々の思いをつなぐという意味が込められている。榎本は言う。

「みんな地元が好きで、地元のために何かしたいと考えています。僕もいつか、サッカーを通じて町を活気づけられたらいいな、なんて思っています」

ウイルス感染は秋から冬にかけて再び流行する恐れがあるとの指摘もあり、全国高校選手権の開催も見通しが立たない。それでもキックオフの笛が鳴ることを信じ、榎本を先頭に部員たちは走り続ける。

追記：五戸高校は8月の全国高校サッカー選手権大会青森県1次予選初戦で青森工業高校にPK戦の末敗れ、予選敗退した。

バットを手に原点を見つめ直す、「やるべきことをやりきるだけ」

京都大学硬式野球部
北野嘉一、立平夏己

バットが空気を切り裂く音だけが響く。4月30日、大阪府茨木市の住宅街。京都大学硬式野球部主将、北野嘉一《よしかつ》（21）＝農学部4年＝は薄暗い自宅玄関で素振りを続けていた。思い描くのはマウンドに立つライバル大学のエースとその球筋。

「見えない先のことを考えるのはやめた。きょう一日、やるべきことをやりきる」

鏡でフォームを確かめながらブンと一振りし、額に汗を光らせた。新型コロナウイルスの影響で部活動が休止となって1カ月。扉の向こうには青空が広がり、穏やかな春風が吹いていた。

北野は2020年を「京大の歴史を変える大きなチャンス」と考えていた。強豪ひしめく関西学生リーグで、京大は2001年春から最下位続きだったが、2019年秋季リーグは5勝7敗で4位に食い込み、1982年のリーグ発足以来最高の成績を残した。外野手で打線の中軸を担った自身は打率4割5厘を残し、京大から8年ぶりの首位打者に輝いた。

2015年に京大初のプロ野球選手として田中英祐《えいすけ》さん（28）がドラフト2位で千葉ロッテマリーンズに入団（2017年に現役引退）して以降、部の士気は上がり、選手層も厚くなった。以前から取り組んできた緻密なデータ分析が実を結んだのも2019年秋だった。チーム5勝のうちの3勝を挙げた右腕・原健登《けんと》（22）＝工学部4年＝とともに最高学年を迎え、初のリー

ライバルチームの投手を思い描き、自宅の玄関で素振りを繰り返す主将の北野嘉一（大阪府茨木市で2020年4月30日＝石川裕士撮影）

グ優勝を目標に掲げた。部室隣に十数人収容のウエートトレーニングルームが新設され、サインプレーなどの理解を深める「戦術ミーティング」も毎週行うようにした。歴史を塗り替える準備はできていた。

試合ができないまま引退するのか……

そんな日々をコロナ禍が一変させた。計画通りに進んだのは、2020年2月に徳島県阿南市で開いた7泊8日のキャンプまで。3月に感染が広がると、オープン戦の中止が相次ぎ、4月に予定されていた春季リーグの開幕も延期された。3月31日には学内のグラウンドや部室の利用が禁じられた。

全体練習ができなくなり、部員たちは自宅待機になった。北野は当初、「この機会に周りと差をつけたい」とがむしゃらに個人練習に励んだ。数時間、筋力トレーニングや素振りを重ね、味わう筋肉痛も心地よかった。

だが4月のある日。突然、心が奮い立たなくなった。

「この生活がいつまで続くのか。試合ができないまま引退するかもしれない……」

不安が頭をもたげると、息苦しくなった。気づけば、手にはスマートフォン。飽きると、テレビの前へ。一日を無為に過ごしたその夜、練習を休んだ後ろめたさから布団の中で数時間、寝つけなかった。

「この状況を変えるにはどうすればいいのだろうか」。じっと考えを巡らせた末、「後でこの時期を振り返った時、後悔だけはしたくない」と思い至った。「目の前の時間を懸命に過ごすことが未来につながる」。これが北野の出した答えだった。

翌朝、1週間ごとのスケジュールを組み立て、そこから逆算して毎日のやるべきことを書き出した。道のりは長く険しくともコツコツと。野球が教えてくれたことを思い出した。

就職活動重なり、自問自答の日々

そのころ、大学近くの京都市左京区のアパートで1人暮らしをする副将の一塁手、立平夏己《なつき》(21)=法学部4年=は久しぶりに掃除機を取り出していた。野球漬けの日々で散らかった部屋の片隅には会社案内や企業説明会の書類……。コロナ禍で野球だけでなく、就職活動も思い通りに進んでいない。

野球と同じく人の輪の中で活動したいと就職先はメーカーや商社などを思い描く。ただ、約20社の説明会や面接にエントリーしたが、一部は延期になった。早めに内定を取り付けて野球の最終シーズンに打ち込むという計画は崩れた。「自分ではどうにもできない問題」と分かっ

オンラインミーティングで主将の北野嘉一はチームメートに語りかける（2020年4月29日＝Zoomから）

ている。だが「考えすぎてしまう性格」は今に始まったことではない。事態が収束し、就職活動と大事な試合が重なる場面を想像してしまう。どちらを選択すべきか自問する。「希望の就職先を諦めるわけにはいかないが、野球にも人生を懸けてきた」

全体練習が中断して以降、人出の少ない朝や夜に近くの河川敷で素振りやダッシュを続ける。泥まみれの日々が懐かしく、食事や掃除、洗濯など何気ない時にも打撃フォームのことなどが頭をよぎる。グラウンドから離れている日々が気づかせてくれた。

「野球が自分にとっていかに大事なものだったかを思い知った。もっとうまくなりたいし、なれると思う」。漠然と描いていた「社会人になっても野球を続ける」という思いもより明確になった。先の不安は振り払い、まずは野球に向き合うことにした。

久々に部員たちが顔をそろえたのはパソコンの画面上だった。4月29日、新年度になって初めての全体ミーティングがオンラインで開かれた。春季リーグは開催できるかどうか不透明な状態が続いており、事態が長引けば、秋季リーグも危うい。新入生を含む全部員約80人を前に主将の北野が自宅から語りかけた。

「先のことは考えず、今を大事に練習しよう」

迷いのない言葉だった。思いは同じ。副将の立平もうなずいた。

ラグビーは人づくり、人として成長することが最大の目標

奈良県立御所実業高校ラグビー部
監督・竹田寛行

部員たちが自宅や寮で見つめるパソコン画面に、奈良県立御所《ごせ》実業高校（奈良県御所市）ラグビー部の竹田寛行監督（60）の顔が大きく映し出された。丸刈り頭にギョロリとした目。

「みんな聞こえてるんかあ？　聞こえてたら、ええ顔して手でハートマークを作れ」

声に力を込めすぎたか、コーチから指摘が入った。

「先生、そんなに大きい声で話さなくて大丈夫です。音声が割れています」

新型コロナウイルスの感染拡大で活動休止中の4月16日、帰省中の部員もつないでのオンラインのミーティングでも、熱血漢はエネルギーに満ちていた。

この暮れ、第１００回を数える全国高校ラグビー大会で自らも定年を迎える。引き続き部に

残って指導に携わる道も残るが大きな節目ではある。１９８９年の就任から31年、部員２人だった無名校を強化してきた。自宅を改造してベッドを運び入れ、寮が整備された現在も７人を住まわせて自ら料理も振る舞う。今や全国屈指の強豪校だが頂点は遠く、準優勝は２０１９年度を含めて４度。だから部員たちの宿願は「花園で優勝して先生を胴上げすること」。その心意気は内心うれしいが、道のりの険しさは誰よりも知っている。

「口はたやすく、行動は乏しくです」

冗談めかしながら部員のさらなる発奮を促す。

コロナ禍で４月13日から休校が続く。新チーム初の公式戦で、全国高校選抜大会（後に中止）につながる近畿大会は第５代表決定戦の準決勝で常翔学園高校（大阪）に０―26で敗退。２月22日に行われたこの試合を最後に本格的な練習も遠のく。新入部員31人を迎え、部員は86人となったが、全員が顔をそろえたのは４月９日の入学式だけで、下宿生の多くは帰省中だ。

だが手綱は緩めない。ＩＣＴ（情報通信技術）を駆使し、オンラインでのミーティングを隔日で行い、日々の個人練習メニューを言い渡す。ランニングなら１週間42・１９５キロ。部員のスマートフォンの位置情報から、走行距離を管理するアプリも活用する。もっとも自身はＩＣＴに疎く、頼るのは就任８年目の二ノ丸友幸コーチ（40）。トップリーグのクボタで活躍し、現在はプロコーチとして高校や大学など10チーム以上の指導に携わる名参謀の手ほどきを受けながら、この難局に立ち向かう。

監督の目を盗んで夜遊びなどできぬよう、急にミーティングを告知して画面の前に集結させる一方、ランニングは自転車に乗って距離を稼いでいるかもしれないとまでは疑わない。

「管理しすぎると、言われたことしかやらんくなる。管理と自主性のバランスが必要で、人間の質を上げないといかん」

含蓄のある言葉が歩んできた道のりの長さを感じさせる。

今は自分の弱点と向き合う時

竹田監督は緑豊かな徳島県美馬市出身。同県立脇町高校でラグビーを始め、天理大学ではFW（フォワード）として活躍した。卒業後は保健体育教諭となり、1989年に御所工業高校（現・御所実業高校）に赴任した。ラグビー部は3年生2人で廃部寸前だった。「やんちゃ」な生徒にラグビーの魅力を熱っぽく説いて勧誘した。部員がどうにかそろっても、練習試合では中学生相手に大敗した。

そこから結束力を凝縮させたモール攻撃を鍛え上げた。全国優勝6度の名門・天理高校との実力差を詰め、1995年度、ついに初出場を遂げた。以来、体は小さくてもまとまりを武器に花園出場は2019年度で12回を迎えた。

「御所実のラグビー部ってどんなチームや」

5月8日に還暦を迎え、いよいよ集大成に向かう竹田監督がオンラインミーティングで部員たちに問いかける。

「真面目と真剣の違いって分かるか？　真面目は言われたことを一生懸命やる。真剣は言われ

ホワイトボードに心構えを書き込み、部員たちとオンラインミーティングをする竹田寛行監督（２０２０年４月16日＝Ｚｏｏｍから）

なくても段取りをして、次の準備をしていく。これが狙っているチームや」

部室でホワイトボードに書きながら説いていく。

ミーティングのテーマは「私生活をラグビーに生かす」だった。例示を求められた部員は「家のトイレが汚れていたら、誰かのために掃除する。その気遣いが水を配ったり、ラインを引いたり、グラウンドに表れる」と答えた。

竹田監督が言う。

「ラグビーだけ必死にやっていたら、ある程度上手にはなる。でも、私は教員。勝ち負けにはもちろんこだわるが、ラグビーを通じて、人として成長するのが最大の目標です。互いの存在に感謝し、助け合って、言い合いもできるようなチームにする。そうなれば、必然的に人間の偏差値も上がり、最高の舞台でやりきったと言えるだけの力を引き出せるのです」

先の見えないコロナ禍は誰をも不安にさせる。だからこそ、薫陶《くんとう》を受けてきた部員たちの真価が問われる。

チームを率いるリーダーの一人を担うバックス、3年の安田昂平《こうへい》（17）も自覚している。

「こういう時だからこそ、自分の弱点と向き合えるのだと思います。自分たちのやらないといけないことが明確に出てくる。先生にとって自分たちが最後の代。特別な思いは一人ひとりが持っています」

不条理か好機か……挑戦者の苦悩は続く

東京大学アメリカンフットボール部
唐松星悦、ヘッドコーチ・森 清之

活動休止から1カ月半が過ぎていた。5月9日夜、東京大学アメリカンフットボール部主将、唐松星悦《しんえ》（21）＝文学部4年＝は横浜市の自宅で鬱屈していた。新型コロナウイルスという見えない敵との闘いは長期化を余儀なくされ、現役東大生として初めて日本代表に選ばれた185センチ、125キロの屈強な肉体はエネルギーを持て余していた。

ライバル校も置かれた環境に差はないが、チーム力の地盤を固めるこの時期に動けないデメリットは「挑戦者」により重くのしかかる。約130人の部員たちの不安げな顔が浮かぶと、じっとしていられなくなり、スマートフォンを手にメッセージを打った。

「秋に勝てる状態にするため、逆算して、やるべきことにこだわろう」

一方、就任4年目の森清之《きよゆき》ヘッドコーチ（55）は、この試練をチームの成長の好機と見ていた。京都大学時代に、大学日本一を決める「毎日甲子園ボウル」、社会人王者と日本一を争う「ライスボウル」を2連覇し、指導者としても社会人Xリーグの鹿島（現・LIXIL）のヘッドコーチとしてライスボウルを制覇。2度の世界選手権で日本代表ヘッドコーチも務めた、今や国内トップの指導者だ。

東京大学アメリカンフットボール部の強化を手掛ける森清之ヘッドコーチ（東京都内で2018年5月31日＝田原和宏撮影）

東大ＯＢらの熱望で招かれて以来、肉体と頭脳を妥協なく鍛え、「日本一」を夢ではなく目標に置き換えた。コロナ禍も前向きに捉える。

「自分ではコントロールできない不条理と向き合う時、リーダーとしてどうあるべきか。視野を広げる好機になるはずだ」

森氏が期待と信頼を向けるのが主将の唐松だ。

偶然か、運命か、森氏と唐松、2人は時同じく2017年に東大の門をくぐった。それが東大躍進の出発点となった。競技経験者どころか、高校時代は運動部にすら所属していなかった選手も多いチームは1957年の創部以来、関東大学リーグで1部と2部を行き来する足踏み状態が続いてきた。その「素人集団」が、日本一を目標に掲げることになるなど誰が想像しえただろうか。

「練習のための練習をするな」

唐松は横浜市の中高一貫の私立進学校、浅野学園で入学と同時にアメフトを始めた。高校時代も人数をそろえるのがやっとで、県大会は初戦を突破できれば御の字だった。受験勉強に励み、センター試験で94%の844点をマーク。現役で東大に合格した時は筋肉も落ちて体重は70キロ前後だった。

「頭のいい大学でアメフトでも勝ったら格好いいだろう」

競技を続けたのも軽い気持ちだった。

待ち構えていたのがフルタイムコーチとして着任した森氏だった。「話に筋の通った人だな」が、唐松が森氏に抱いた第一印象だ。走り込みも肉体強化も森氏が求める水準は高いが、その鍛錬が戦術上、なぜ必要なのか常に明確に示された。

「練習のための練習をするな」

国内外で指導者として「一流」を追い求めてきた森氏の言葉が唐松の胸に響いた。同年代の一流選手のプレー映像を繰り返し見て、戦術理解度を上げた。筋力トレーニングではベンチプレスで150キロを持ち上げるまでになった。

チームは力をつけ、関東大学最上位リーグ「トップ8」に昇格した2019年、存在感を示した。結果は2勝5敗の6位だったが、優勝した早稲田大学をして「東大に一番苦しめられた」と言わしめ、2位の法政大学には3点差の惜敗だった。心身を磨いてOL（オフェンスライン）で献身的なプレーをした唐松は2020年2月から3月にかけて行われた米国遠征で日本代表に選出され、チームでは同期との話し合いで主将に指名された。人の後ろをついて歩くことが多かった人生が一変、初めて「主将」という肩書を背負った。元々は目立つことが好きではなかったが、「自分の力だけでは勝てない」と思い知らされることが増え、「自分がチームを勝利に導かないといけない」と強く意識するようになった。

日本代表の練習に参加し、気迫を見せる唐松星悦（神奈川県川崎市中原区で2020年2月24日＝黒川優撮影）

覚悟を持って臨むラストイヤー

コロナ禍に見舞われたのは、そんな矢先だった。東京都による不要不急の外出自粛要請を受け、3月25日、森氏は活動休止を決めた。大学も26日、学生の課外活動と施設利用を全面中止にした。関東学生連盟は4月10日、春季オープン戦は連盟主催かチームの自主運営かを問わず、全試合中止にすることを通達。集大成のリーグ戦は9月の開幕予定だが、見通しは立っていないのが実情だ。

春先から夏休みまでは実戦的な練習や練習試合を重ね、タックルなどを磨き、試合勘を養う重要な時期だ。スポーツ推薦で実力者が集う強豪私学との差を埋めるには春の練習量がモノをいう。部員たちは自発的に、ウェブ会議ツール「Ｚｏｏｍ」を活用し、オンラインでつながりながら自主トレーニングに励んだり、戦術の理解を深めるミーティングを開いたりはしている。だが6月中旬とされた活動再開も不透明で、夏合宿を実施できるかも見通せない。部員たちの間には戸惑いが膨らんでいる。

強いチームには必ず良きリーダーがいるといわれる。森氏は唐松を「周りに積極的に働きかけができる」と評価するからこそ、部員に動揺が走るコロナ禍でさらにリーダーとしての力をつけることを望んでいる。もちろん、唐松も覚悟を決めている。

「この1年で起こる全てのことに責任を負う。ここで逃げたら自分は今後も逃げ続ける人生を送ることになる」

唐松は既に転職サイト運営会社への就職が内定し、卒業と同時に競技から離れることも決めている。集大成の1年。悔いを残すわけにはいかない。

大学ラグビー、宿命の両雄が下した決断

明治大学ラグビー部　箸本龍雅
早稲田大学ラグビー部　丸尾崇真

ラグビーの全国大学選手権大会は２０２０年１月、早稲田大学が決勝で連覇を狙った明治大学を45―35で破り、11季ぶりの王座に返り咲いた。２０１９年秋のラグビー・ワールドカップ日本大会の熱狂で目覚めたかのように大学ラグビー界の両雄が23季ぶりに決勝でぶつかった。真新しい国立競技場で再び熱を帯び始めた宿命の対決。新型コロナウイルスの影響で活動が制限される春に両主将は何を思うのか。

逆境の中で前へ

大型連休は淡々と過ぎていった。明大で主将を務めるロックの箸本龍雅《りゅうが》（21）＝商学部４年＝は、東京都世田谷区の八幡山《はちまんやま》グラウンドで午前の個人練習を済ませ、隣接した寮の食堂で昼食を終えた。部屋に戻ってベッドに１８８センチ、１０７キロの巨体を預けるとため息が漏れた。

「コロナ、収束してくれ……」

抜けるような青空も今は恨めしい。

感染が広がった３月末、４月19日に開幕予定だった関東大学春季大会の中止が決まった。明大は４月３日を最後に全体練習を休止とし、一時的にチームを解散した。全部員94人が暮らす

2020年の大型連休中に密集を避けてグラウンドでパス練習に励む明治大学の箸本龍雅主将（左）と山沢京平副将（明治大学ラグビー部提供）

寮から半数は帰省した。部は予防策として寮に残る部員が八幡山一帯から出ることを禁じた。憩いの場である寮内の食堂では間隔を空けて座り、トレーニング室も少人数で使う。グラウンドでの個人練習も時間を分けて少人数で行うため、いつにも増して芝の青さが際立つ。

1923年創部。全国大学選手権の優勝回数は早大の16回に次ぐ13回を数える。1990年代は「重戦車FW」を武器に全国大学選手権優勝5回、準優勝3回と圧倒的な強さを誇った。だが今世紀に入り、長らく低迷。2008年度は関東大学対抗戦6位で、全国大学選手権の出場すら逃した。

再起を図り、2018年にヘッドコーチから昇格したOBで元日本代表SH（スクラムハーフ）の田中澄憲《きよのり》監督（44）が日常生活を含めた規律の徹底と意識改革に取り組み、2019年1月に22季ぶりの優勝を遂げた。ところが連覇を狙った2020年1月は準優勝。はい上がるのには時間がかかるが、転げ落ちるのは早い。今季は「名門復活」が真か否かを問われる1年となる。

主将を託されたのが箸本だった。東福岡高校（福岡）で主将を務めた3年時に全国高校選抜大会、全国高校7人制大会、全国高校大会の「3冠」を達成し、高校日本代表でも主将を担った。明大では1年時からレギュラーをつかみ、重戦車FW復活の一翼を担った。先輩たちと泥も汗も涙もともにしてきた。後戻りさせてはならないとの思いは人一倍強い。

決意を物語るのがスマートフォンの待ち受け画面だ。歓喜の表情を浮かべているのは、宿敵・早大の選手たちだ。対抗戦伝統の早明戦に36―7で完勝し、下馬評は「明治」だった。「慢心していたのかもしれない。試合運びがうまくいかなくなった時に修正する準備ができていなかった」

コロナ禍でも箸本は福岡県宗像《むなかた》市の実家に帰省せず、寮に残った。ランニングやパス練習などを地道に重ね、筋力トレーニングで一日を終える。また次の日も。

「先の見えない難しさはあります。でも今は、自分の成長に集中するしかない」

逆境の中、部に受け継がれる「前へ」の精神の重みをかみしめている。

今は個を極める時

晴れ渡った5月中旬、早大ラグビー部の拠点、上井草グラウンド（東京都杉並区）は静けさに包まれていた。隣接した寮の軒下で、マスク姿の部員数人が筋力トレーニングに励んでいた。駐車場の隅ではNO8（ナンバーエイト）で主将の丸尾崇真《たかまさ》（21）＝文化構想学部4年＝が柱に

力強い突破が持ち味の早稲田大学の丸尾崇真。新チームの主将としてコロナ禍でも歩みを止めない（東京・秩父宮ラグビー場で2020年1月2日＝長谷川直亮撮影）

タックルバッグを立て掛け、突き刺さるように黙々と飛び込んでいた。

「チーム練習ができない今は個を極めていくしかない」

新型コロナウイルスの感染対策として互いの距離を空け、会話も控えているため、バーベルが鳴らす金属音だけが響いていた。

1月の全国大学選手権で最多を更新した16回目の優勝は、帝京大学の9連覇が始まる前の2008年度以来だった。1918年創部の伝統の展開ラグビーが輝きを取り戻し、王者になった時にだけ口にできる部歌「荒ぶる」を熱唱した。勢いづいた直後のコロナ禍だった。部は3月末から週末の練習をやめ、4月に入ると、平日も含め全体練習の自粛を決めた。グラウンドなど大学の施設が使えず、部員約120人の半分を占める寮生の4分の1は家族の要望などから帰省した。

活動が狭まる中で次第にいらだちが充満した。実家での生活が長引く選手や環境に慣れない新入部員をどうまとめていくか。丸尾らリーダー陣は思案した。上級生が下級生の心身の状態を把握し、トレーニングをサポートできるように6、7人ごとの「小グループ」を作った。グループごとにオンライン会議システムも活用して練習メニューの達成状況を確認し、ラグビーの試合映像を見て感想を言い合い、連帯感を維持してきた。

丸尾にとって動向が気になるのが明大だ。全国大学選手権決勝は45—35で辛くも逃げ切ったが、前半を31—0で折り返しながら、後半は防戦一方だった。明大が雪辱に向け燃えているのが目に浮かぶ。早大の今季のスローガン「バトル」には、自分自身との闘いへの決意を込めたが、もちろん明大に挑む覚悟も打ち出した。

だからコロナ禍でも停滞は許されない。丸尾は言う。

「1畳分のスペースがあれば、自分を鍛え、追い込むトレーニング方法はある。この時期を有効活用して『個』のレベルを高めれば、全体練習ができないマイナスを補って余りあるはずです」

実際、例年なら連戦で時間を割きづらい筋力強化に取り組めているため、個々のパワーは上がっているという。

大学の施設は6月1日から段階的に利用規制が緩和され、全体練習は6月中旬に再開されそうだ。丸尾はオンラインミーティングで部員たちに繰り返し呼びかける。

「どういう状況でも『大学日本一になるために毎日を過ごす』ということは変わらない」

「空白」を乗り越えた先に真のハングリーさがある

鹿児島県立鹿屋工業高校ボクシング部
荒竹一真

放課後、部室に向かったものの着替える気力は起きなかった。

「俺、帰るわ」

鹿児島県立鹿屋工業高校ボクシング部の荒竹一真（17）は力なくつぶやいた。新型コロナウイルスの感染が広がりを見せていた2月26日、3月に石川県で開催されるはずだった全国高校選抜大会の中止が発表された。3年生になる目前、夢見てきた「高校8冠」は道半ばにして途絶えた。

高校ボクシング界で「8冠」は無敵の称号だ。夏の全国高校総合体育大会3回、秋の国民体育大会3回、そして春の全国高校選抜大会2回と出場可能な8大会の完全制覇だ。達成者は過去に2人。ともに奈良県立王寺工業高校で２０１５～２０１７年に成し遂げたライト級の今永虎雅（20）＝東洋大学＝とウエルター級の荒本一成（20）＝日本大学＝だ。世界ボクシング協会（ＷＢＡ）と国際ボクシング連盟（ＩＢＦ）のバンタム級王者（ＷＢＡはスーパー王者）の井上尚弥（27）＝大橋ボクシングジム＝ですら、神奈川県立相模原青陵高校（現・相模原弥栄高校）2年時の高校総体は準々決勝で敗れている。

「人生はどんな局面からも逃げられない」

肩を落として早々に帰宅した荒竹に、元ボクサーで、鹿児島県鹿屋市内でボクシングジムを営む父・俊也さん（45）から声が飛んだ。しぶしぶ近くの神社の階段を駆け上がるロードワークに出た荒竹だが、心はどんよりとしたまま。思えば、「やらされた練習」は、この道に入って初めてだった。

本当の実力は記録では表せない

荒竹は小学6年の時、俊也さんのジムでボクシングを始めた。中学時代はジムに通う傍ら、スタミナ強化のために陸上部に入り、全国中学校駅伝大会にも出場した。両立させたことで「スピードを保ち、強いパンチを打ち続けるスタミナがついた」と俊也さんは言う。ボクシングの強豪・鹿屋工高に進み、放課後は部活動、帰宅後はジムで鍛錬を続けた。努力は実り、高校では敵なし。正統派のサウスポーとして男子最軽量のピン級（46キロ以下）で２０１９年秋の国体まで5冠を達成。残すは3大会だった。

失意の2月26日夜、荒竹のスマートフォンに1通のメッセージが届いた。遠く９０００キロ近く離れたヨルダンの首都アンマンに遠征中のジムの先輩、岡沢セオン（24）＝鹿児島県体育協会＝からだった。

「ショックだよね。俺には想像つかないぐらいだと思う。でも高校の冠数で過去の選手と競わなくたって、これからもっと広いステージがあると思う！」

大会の中止を伝えた荒竹の胸中をおもんばかり、激励の文字が連なっていた。

鹿児島県鹿屋市のボクシングジムで一緒に鍛錬を積む荒竹一真（中央）と東京オリンピック代表の岡沢セオン（右）。左は2人を指導する荒竹の父・俊也さん（荒竹俊也さん提供）

岡沢はガーナ人の父と日本人の母の間に山形市で育ち、レスリングから転向した日本大学山形高校、中央大学時代は「無冠」だった。大学を卒業した2018年の春、2020年国体に向けて強化を進める開催地・鹿児島県から指導者として招かれ、県の国体チームの監督を務める俊也さんのジムに入った。以来、岡沢は地道な努力で力を伸ばした。荒竹にとって岡沢はともに練習する先輩であり、よき理解者となった。

岡沢のメッセージは続く。

「本当の実力っていうのは記録にかかわらずずっと評価されるから！　一真の凄《すご》さって8冠なんて言葉じゃ表せないものだと思う。だからなおさらこれからは、実力で本物なのは俺だ！っていうのを見せつけるために頑張ろ！」

その2週間後、アンマンの地での国際試合で東京オリンピックのウエルター級代表を決める岡沢の言葉は、荒竹の胸に刺さった。

サンドバッグにパンチを繰り出す荒竹一真（鹿児島県鹿屋市のボクシングジムで2020年5月29日＝吉見裕都撮影）

「高校8冠」から「五輪の金メダル」へ

汗ばむような陽気となった5月末、荒竹はジムで躍動していた。ロードワークでは軽やかに階段を駆け上がり、サンドバッグをたたく音は力強かった。俊也さんも「体が大きくなった」と目を細めた。

岡沢からのメッセージが届いた「あの夜」以来、荒竹は自らできることに集中してきた。活動が制限される中でも走り込みやウエートトレーニングの量を増やして体作りに励んできた。4月下旬に全国高校総体の中止が決まった際も心が乱れることはなかった。その歩みが、緊急事態宣言が解け、高校でもジムでも通常活動が戻りつつある今の進化に通じている。

コロナ禍は10月に迫る「かごしま国体」の開催も危うくしている（編集部注：かごしま国体は10月、2023年へ延期が決まった）。地元の大舞台で高校の集大成を飾りたいとの思いは強い。ただ「そこが自分の最終的なゴールではない。中止になれば残念だが、落ち込まずに先を見据えたい」と心構えはできている。

既に目標は「高校8冠」から「2024年パリ五輪の金メダル」に置き換えた。「『もし大会が全部開かれていたら、あいつは全部取っていた』と言われるように、これからの試合も勝つ。大学に進学してパリ五輪に出場し、セオン選手と一緒に金メダルを取りたい」リングに立てなかった「空白」が荒竹をいっそうハングリーにさせている。

練習再開、河川敷のグラウンドに響く少年たちの声

中学硬式野球チーム「江東ライオンズ」
川内結太

厚い雲に覆われた6月6日昼、荒川沿いの上り坂を球児たちの自転車が軽々と上っていく。専用球場に向かう東京都江東区の中学硬式野球チーム「江東ライオンズ」の選手たちだ。新型コロナウイルスの感染拡大に伴う活動休止から約2カ月半ぶりの練習再開に心がはやる。中学硬式野球の日本一を決める全日本中学選手権大会「ジャイアンツカップ」は中止に追い込まれたが、既に目標は残る大会に切り替えた。捕手と外野手を務める3年生の一人、川内結太《ゆうた》(14)も腰を浮かせてペダルをこいだ。

河川敷が広がる江東区は都内でも有数の野球熱の高さを誇る。中学硬式野球の主要リーグのひとつ、ポニーリーグ(全国147チーム加盟)に所属する江東ライオンズは創設45年目で、強

豪高校に選手を輩出してきた。名門・二松学舎大学付属高校（東京）でプレーした若林達也監督（49）をはじめOBを中心に約20人の指導者が携わり、中学生約100人が週末を中心に活動する。

「非日常」と向き合う時間を積み重ね

この街に生まれ育った川内は小学生時代、地元の軟式少年野球チーム「江東ジョーズ」で白球を追った。甲子園を沸かせる高校球児に憧れ、通学路から見える地元高校球児の朝練に打ち込む姿に目を奪われた。

「普通に生活していたら、得られないものがあるんじゃないか」

中学時代から高い水準を求めて江東ライオンズに入り、力を伸ばしてきた。

だが新型コロナは日常を一変させた。3月下旬で全体練習は休止に追い込まれ、ウェブ会議ツール「Ｚｏｏｍ」で結んだ合同の筋力トレーニングや座学が中心となった。ハードな練習から逃れて「やったー」と思ったのは1週間ほど。野球への恋しさが日に日に募った。しかし、公園などでの練習はチームから固く禁じられていた。休校中、自宅マンション一角の空きスペースで、人けがなくなる時間を見計らってバットを振った。

「脇を開けず、力まず……」

コーチ陣の教えを思い出しながら、川内は「非日常」に向き合った。

だが5月27日、福島県と茨城県で8月に開催予定だったジャイアンツカップの中止が決まった。リトルシニアやボーイズリーグなど各団体の代表32チームで日本一を争う大会へ5年ぶりの出場を目指していた。その知らせはオンラインを通して若林監督から伝えられた。1週間前には夏の全国高校野球選手権大会の中止も発表され、覚悟はしていた。それでも実際に聞くと、ショックだった。

「甲子園もなくなって、ジャイアンツカップだけあるのもおかしいし、落ち込んでいても何も変わらない」

コーチから冗談めかして励まされ、気持ちを切り替えた。9月に予定されているポニーリーグの全日本選手権に「仲間と一緒に向かっていくこと」を新たな目標に据えた。

白球を追い、汗にまみれる喜び

迎えた6月6日、球場入りした川内の足元は輝いていた。約2カ月半ぶりの練習再開に備えて前夜、入念にスパイクを磨いた。久々に着るユニホームは少し窮屈に感じた。身長は3センチ伸び、体重は3キロ増えていた。若林監督から、「3年生は残された時間は少ないかもしれないが精いっぱい、全力でできることをやろう」と声をかけられた。タイヤ押しにノック、走り込み……約4時間のメニューに夢中で汗を流した。

選手たちの体力の落ち込みを覚悟していた若林監督が「3年生は思ったよりも体が動いていた。意識が違う」と感心するほど、それぞれが自主練習を積んでいた。土にまみれて自転車にまたがり、仲間と一緒に引き揚げる川内は「楽しかった。もっとやりたい」と心地いい疲れを感じていた。一方、監督就任から10年、会社員として早朝から働く傍ら、平日の仕事後も休日も指導にささげてきた若林監督もこれほど長くユニホームを着なかったのは初めてだった。

「仲間と一緒に練習できる喜びに気づいてくれたことは、これからの彼らの財産になる」

そう言って、目を細めた。

練習再開で、川内一家4人の野球漬けの日々が戻ってきた。走り回れば、食欲も増す。母・知子さん（47）は料理を準備し、土にまみれたユニホームを洗い、練習場にも駆けつける。川内の背を追うように江東ジョーズで野球に励む小学6年の弟・敬太さん（12）の練習も7日に再開。父・由起生《ゆきお》さん（51）は江東ジョーズの父母会長を務めており、活動休止中に伸びた球場の草刈りなどに忙しい。練習後にコーチたちと近くの中華料理店に集い、酒を酌み交わしながら野球談議に花を咲かせる「反省会」もそのうち再開するだろう。

気づけば、本格的な夏の暑さになっ

練習再開初日、外野でノックを受け、笑みもこぼれる川内結太（東京都内で2020年6月6日＝中村有花撮影）

練習再開初日、選手たちに指示を出す若林達也監督（東京都内で2020年6月6日＝中村有花撮影）

てきた。球音に引き寄せられ、金網に顔を寄せて練習を見守る街の人たちも、きっと戻ってくる。

追記：9月22日、江東ライオンズはポニーリーグの全日本選手権決勝で11年ぶり4回目の優勝を遂げた。川内は最終回の守備で出場した。

3度目の壁、乗り越えた先には必ず光がある

日本大学アメリカンフットボール部
林　大希

新型コロナウイルスは自身3度目の大きな壁となる。だが試練を乗り越える度に、その歩みは輝きを増してきた。「フェニックス（不死鳥）」を愛称に持つ日本大学アメリカンフットボール部4年の司令塔、林大希《たいき》（21）＝文理学部＝は「逆境に燃える男」だ。

新型コロナ感染拡大に伴う活動自粛が解け、少人数ごとに分かれての練習が再開された6月上旬、大学グラウンドのある東京都世田谷区で取材に応じた林が格言めいたことを口にした。「人生は振り子と一緒のような気がします。上げ幅が大きければ、下げ幅も大きい。逆に今ほどどん底を知れば、次の上げ幅は大きいと思っています」

それは自らの歩みの中で確信を深めてきた人生訓ともいえる。だから新型コロナの感染が広がっても前向きに次に備えてきた。白いマスクで一層際立つ真っ黒に日焼けした額が、自粛期間中に重ねたトレーニングの量を物語る。１７４センチ、78キロの肉体は細身に映るが、ユニホームの奥には割れた強じんな腹筋が潜んでいた。

部員12人の弱小高から憧れの大学日本一へ

大阪市で生まれ育った林は大学時代にアメフト選手だった父・義宜《よしのぶ》さん（50）の勧めで、小

学生になると競技を始めた。強肩と俊足を武器に、高校日本一を決める「クリスマスボウル」で優勝3度の強豪・関西大学第一高校（大阪）にスポーツ推薦で入学。しかし、ハードな練習に没頭し進級できず、2年から編入できる学校への転校を決めた。林が突き当たった1度目の壁だった。しばらくはふさぎ込んだ。だが母・早苗さん（49）は林を責めなかった。「自分が価値があると思う人生を歩めばいい。もうアメフトをやめてもいいし、好きだったら続ければいい」と助言し、この先の人生のレールを自ら敷かせた。

林が選んだのはアメフト部のある大阪府立大正高校だった。ただ部員はたった12人で、毎日練習に来るのは5、6人。だが腐らなかった。実戦的な練習を積めない状況を逆手に取り、筋力トレーニングで肉体強化に励んだ。弱いチームで人数も少ないことで逆に火が付いた。「完全不利で誰もが諦める状況だからこそ燃えました」と林は言う。

「かばんの中は、母の手作りのおにぎりとパンばかりでした」

早苗さんの支えあっての1日10食。3年間で体重を3キロ増やし、ベンチプレスで160キロを持ち上げるまでになった。チームは公式戦で一度も勝てなかったが、司令塔のQB（クォーターバック）として大阪選抜に選ばれ、名門の日大から誘いが来た。

「悪質タックル問題」で競技人生が暗転

迎えた大学生活では1年時からスポットライトを浴びた。即戦力として日大のエースQBの象徴である背番号「10」を背負い、大学日本一を決める2017年12月の毎日甲子園ボウルで関西学院大学を23―17で降した。投げては30ヤード以上のパスを2本通し、走ってもチーム最多の113ヤードを獲得。黄金時代再来を予感させる27年ぶり21回目の優勝の立役者となった。

だが翌2018年5月、関西学院大との定期戦で、再び人生は暗転する。世間を騒がせた「悪質タックル問題」だ。パスを投げ終えて無防備になった関西学院大QBの背中に飛び込んだ日大のタックルは、勝利のために手段を選ばない部の体質として批判を集めた。一時活動を自粛。同年7月末には2018年度リーグ戦への出場停止と1部下位リーグへの降格が決まった。立ちはだかる人生ふたつ目の壁の前で「廃人になった」と林は振り返る。世間の目は冷たく、気晴らしに海に出かけてみても心は浮かなかった。

体制が一新され、名門・米オクラホマ大学にフットボール留学経験を持つ立命館大学元コーチの橋詰功氏（56）が2018年9月に新監督に就任した。チーム哲学は根性論から合理性に一変した。練習は監督やコーチが納得するまで繰り返すのではなく、午後9時15分には強制的にグラウンドを消灯するようになった。メニューを計画通りに行うため、練習は5分ごとに区切られ、失敗したプレーをできるまでやり直す「アゲイン」もなくなった。

「選手が学生として、人として育つためにはアメフト以外のことに取り組む時間も必要。人として成長した選手が150人集まったら、何をやっても勝てる」

これが橋詰監督のポリシーだった。だが、がむしゃらに走り続けることを求められてきた身からすれば、生易しく感じられ、切り替えはそう簡単ではなかった。林は言う。

「僕はハードなトレーニングをして、日本一になろうという『剛』のタイプ。監督は『柔』で、

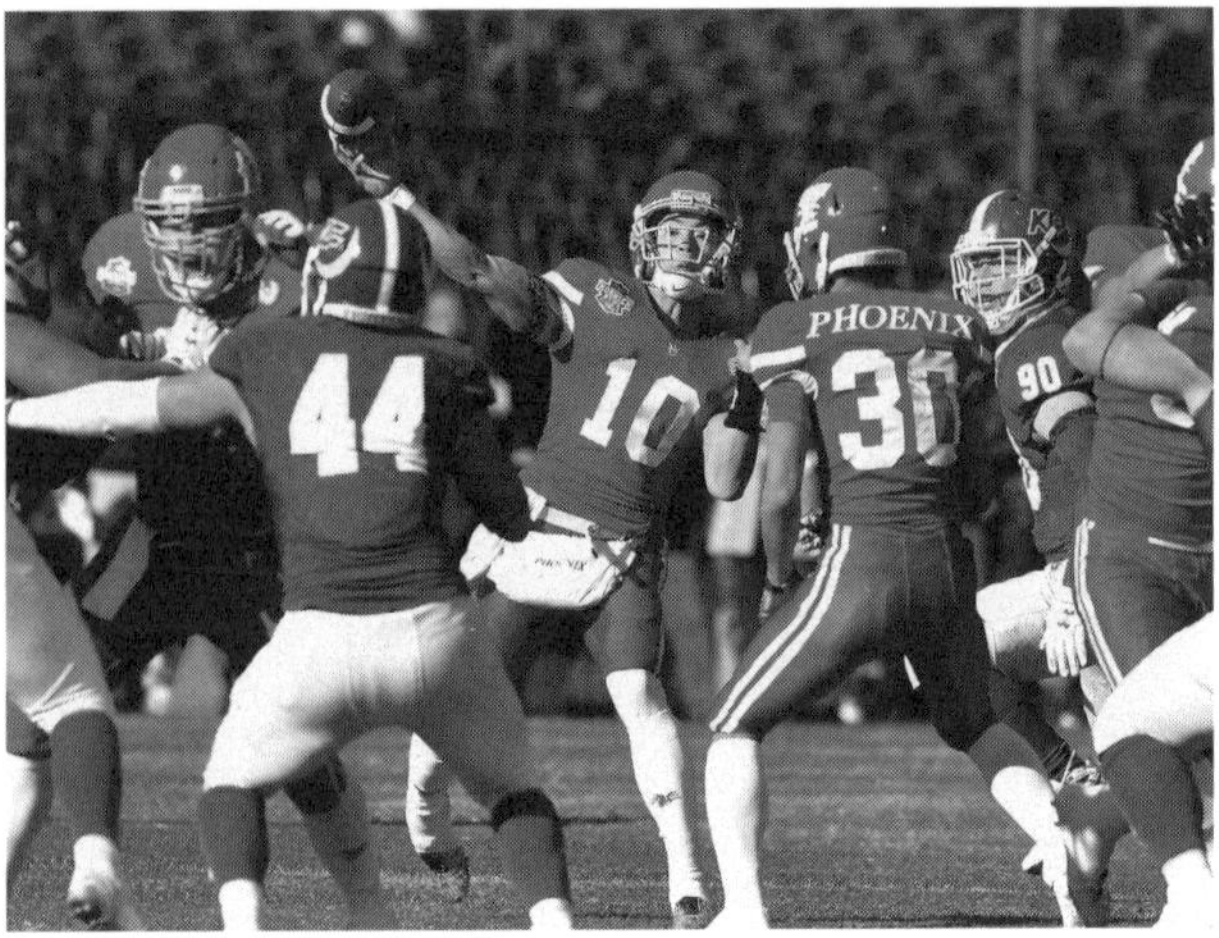

関西学院大学との毎日甲子園ボウル第1クオーターでタッチダウンパスを決めるQBの林大希（中央）（阪神甲子園球場で2017年12月17日＝望月亮一撮影）

最初は受け入れられなかった」

やがて季節は冬に移った。

「自分がくすぶっているのは感じていた」。橋詰監督が就任してから3カ月が過ぎても、新しい練習方式に納得がいかず、練習に身が入らない日々が続いた。

大学のキャンパスにある書店でふとめくっていた書籍の中に林は「答え」を見つけた。「変化に対応できる人が一番」、書籍名は思い出せない。だがストンと胸に落ちた。橋詰監督の目指す方針にベクトルを合わせた。苦手だったスケジュール管理も、取り組んでみると頭が整理されて練習やトレーニングにより集中できるようになった。効果を実感し、橋詰流を受け入れるようになった。

「本気でやると決めた時の僕のエネルギーは日本一、世界一」

林の中から迷いが消えた。

頂点も底辺も経験した人間は強い

チームは進化し、時には試合で選手が自ら監督にプレーを提案し、実行するようになった。復帰した2019年は1部下位リーグを全勝で勝ち上がり、上位リーグへの昇格を決めた。林のプレーにチームメートは「相手が嫌がり、仲間が捕りやすいところに投げてくれる。プレーの意図をより意識するようになった」と言う。これぞ橋詰監督が目指す、選手個々が考える自立集団への変化の兆しだった。

そして3年ぶりの大学日本一を目指す2020年シーズン。前年よりも冬場の走り込みの量を増やして体力強化を図っていた。そこに襲ったのが新型コロナウイルスの感染拡大だった。3月末から活動自粛となった。訪れた三つ目の壁だ。

だが林はもう崩れなかった。

「(タックル問題で)修羅場を経験して強くなった。練習できない環境は1回経験していたので、ネガティブに感じなかった」

自らを磨く時間が増えるとプラスに捉えた。自粛中も「通常の3倍」の走り込みを自らノルマとして課し、肉体を鍛え上げた。早朝、小鳥のさえずりとともに起き、10キロ以上のランニングから始め、食事を挟んで、日が暮れるまで坂道ダッシュや体幹トレーニングに励んだ。

8月末予定だったシーズンの開幕は早くても10月中旬にずれ込む見通しだ。感染状況によっては大会が通常通りに開催されるかどうかも不透明。だが、林はぶれない。

「頂点も底辺も経験した人間は強い。今は日々、自分の限界を超えていくことしか考えていません」

その先に光があると信じる。三つの壁が学生生活を実り多きものにしてくれたと笑えるその日まで、目の前の一日を全力疾走する。

再開した選手たちの練習をマスク姿で見守る橋詰功監督（左）（東京都世田谷区の日本大学グラウンドで2020年6月9日＝松本晃撮影）

空白の時間が教えてくれたもの——箱根へ思いをつなぐ

東洋大学陸上競技部
吉川洋次

正月の東京箱根間往復大学駅伝競走で11年続いた3位以内が途切れた名門・東洋大学陸上競技部は今季に復権をかけている。しかし、新型コロナウイルスの感染拡大による中止の波はどこまで及ぶのか予想もつかない。主軸の4年生、吉川洋次（22）＝ライフデザイン学部＝は「最後の1年が思いもよらない感じになり、悲しい。でも……」。2020年春、部から離れて故郷に戻り、社会の中で葛藤の日々を送ったからこそ見えてきたものがある。

正月の風物詩として国民的な人気を誇る箱根駅伝でここ10年ほど最も安定した成績を残してきたのが、鉄紺のたすきと「その1秒をけずりだせ」のスローガンで知られる東洋大だ。拠点の寮と練習場は、東京・池袋から東武東上線で約40分の埼玉・鶴ケ島駅から徒歩10分の川越キャンパス内にある。都心の騒がしさから離れて練習に打ち込める環境で、2009年の第85回大会を皮切りに4度の総合優勝を果たし、11年連続で3位以内を堅持してきた。

強さとともにもうひとつのテーマがある。1887年に創立された東洋大の建学の精神は「諸学の基礎は哲学にあり」。OBで2009年春に就任した酒井俊幸監督（44）は「本学は物事の見方や考え方を重視する哲学の大学。体育会的な規律よりも自律と自立が大事」と語る。その精神を軸に「将来世界で戦える選手」を意識した育成を図り、男子マラソン前日本記録保

ルーキーイヤーだった2018年の箱根駅伝で、4区を快走する吉川洋次。区間2位で往路優勝に貢献した（東洋大学提供）

持者の設楽悠太（28）や東京オリンピック・マラソン代表の服部勇馬（26）らを輩出してきた。

今季はその真価が問われる。2020年正月の箱根駅伝は12年ぶりに3位以内に入れず、シード権ギリギリの10位と低迷した。当時の4年生たちは「実力のある選手だけに頼る他人任せのチームになっていた」との言葉を残して卒業した。2月下旬以降は新型コロナで日常の行動も制限され、今まで通りの活動は難しくなった。

「ひとつの賭け」指揮官が下した決断

長距離は厳しい鍛錬を地道に続けなければならない。1人では甘えが出るため集団で練習する。しかし、現状では、集団生活は感染リスクと紙一重でもある。酒井監督は選手を実家に戻して個々で練習させることを決断した。

「例年以上に自律、自立型の組織にする大事さを考えていた中でのコロナだった。実家に戻すことはひとつの賭けだが、乗り越えれば真の力がついてくる」

3月下旬、選手たちの帰省が始まる日の朝、埼玉県川越市内にある寮の食堂で酒井監督は部員たちに語りかけた。

「自分を見つめ直し、社会の一員として行動してほしい。ただ、走るだけでは駄目だ」

酒井監督が「今年のキーパーソン」として期待する吉川は、うなずきながら言葉を胸に刻んだ。

その日、故郷の栃木県那須塩原市へ向かう電車に乗った吉川は複雑な胸中で少し細くなった脚を見つめていた。1年時は3大駅伝（出雲全日本大学選抜駅伝、全日本大学駅伝、箱根駅伝）に全て出場して活躍した。しかし、2年時の出雲駅伝でアンカーとして区間賞の力走を見せた直後に左脚の疲労骨折が判明。走りのバランスが崩れ、3年時は同じ箇所を2度痛め、十分な練習ができない日々が続いた。

箱根駅伝の半月ほど前にようやく復帰して3区を走ったが区間13位。走り終えた後、知人を見つけると、悔しさをこらえられずに泣き崩れた。2月にも左脚の別の箇所を疲労骨折。最上級生になってもチームを引っ張れない状態だった。帰省を「チーム全体が精神的に成長する機会」と捉える一方で、自身の復調に不安を感じていた。

「今できることをやるしかない」と思った吉川は、栃木県立那須拓陽高校時代からの1学年後輩で同時期に帰省した石川龍之介（21）＝ライフデザイン学部3年＝に「一緒に練習をしよう」と連絡した。

練習メニューは全て選手に任されている。石川も故障上がりで、ともに脚の筋力を一から鍛え直す必要があるため、高校時代も使っていた母校近くの起伏のあるクロスカントリーコースを選んで15キロ余りの走り込みを重ねた。練習の合間にはコースに近い石川の自宅で栄養を考えながら2人で食事も作った。毎日2度の検温と手洗いやうがいの徹底で感染予防にも細心の注意を払った。

しかし、その間も感染は拡大し、4月から6月の大会は中止となった。帰寮の予定も見えてこない。クロスカントリーコースから軽く走りながらの帰路、石川から「今後、どうなっていくんですかね?」と聞かれた吉川の口からは思わず本音がこぼれた。

「駅伝もどうなっていくか分からない。俺ら4年生はこのまま卒業なのかな。やりきれない。この1年は何なのかな」

汗まみれの顔に苦渋の表情が浮かんだ。

帰省後、「一年中、駅伝に人生を懸けているようなライフスタイル」は大きく変わった。練習の合間は自由な時間がある。テレビを見れば、一日中、新型コロナのニュースが流れていた。ウイルスと闘うために医療従事者ら社会の人々は必死に働いていた。翻《ひるがえ》って、何もできない自身の無力感に襲われた。

また、練習中は速いペースで走るため、マスクをつけられない。クロスカントリーコースで必ずすれ違う高齢の女性は、いつも口元を手で覆っていた。「社会から見ると、(常識を)外れた行動をしているのではないか……」。人通りの少ない時間帯へ練習を前倒しした。

脚光を浴びる箱根駅伝を目指し、応援を受けて走ることを当然と思っていた。しかし、駅伝に無関心の人もいるという当たり前のことに気づいた。実家で暮らしていると、両親が働いているおかげで陸上ができていることも改めて身に染みた。以前はほとんど家事をしなかったが、1人で家にいる日中に掃除や犬の散歩、料理を手伝うようになった。両親からは繰り返し「箱根駅伝がなくならないといいね」と励まされた。応援してもらえることへのありがたみを感じ、ふと、箱根駅伝で活躍したいと思った原点を思い返した。

高校3年の秋、全国高校駅伝栃木県予選で、吉川が主将だった那須拓陽高校は1着でフィニッシュした。しかし、数時間後の閉会式。「那須拓陽、失格」と告げられた。1区を走った吉川が中継点直前に規定のコースから3、4メートル逸脱したことが原因だった。「周囲に合わせる顔がない。陸上をやめよう」と思った。夜は眠れず、学校の休み時間も1人でぼうぜんとしていた。それでも、周囲は吉川を責めず、いつもと変わらず接してくれた。

「こんな自分が恩返しするには大学で結果を残すしかない」

その時の感謝の思いが箱根駅伝を目指すエネルギーとなった。

帰省中の親の言葉も励みになった。今の自分は走るしかない。練習場所に選んだ起伏のあるクロスカントリーコースを駆け上がるたびに脚に筋肉が戻り、走りに本来の力強さが出てきた。

最上級生だからこそできる走りを

6月、希望者から順に部の寮に戻って活動を再開することになった。戻れば、感染対策を徹底するため、練習時間や場所に制約が生まれる。実家に残った方が練習は自由に積める。悩ん

東洋大学陸上競技部では練習内容の説明の際、感染防止のため、全員がマスクをつけて一定の距離を保っていた（東洋大学提供）

だが、「チームのためには4年生が戻るべきだ」と帰寮を決めた。両親も「戻って頑張りな」と背中を押してくれた。6月21日、チームの3分の1程度が第1陣として寮に戻ってきた中で、唯一の4年生が吉川だった。

7月上旬、酒井監督は帰寮している吉川らに「今後も大会がないかもしれない。就職活動や新型コロナウイルスの状況を考えると、どこかで引退するのも選択肢のひとつ」と伝え、最上級生での話し合いを求めた。吉川はオンラインでのミーティングで監督の助言とともに自分の思いを同期に告げた。

「自分が走りたいというだけで引退しないのは、ただのわがままだ。続けるなら、最上級生としてチームに大きな影響を与える存在にならないといけない」

張り詰めた雰囲気での話し合いは、2時間以上に及んだ。4年生全員が引退せずに活動を続けることを決意した。

新型コロナは再び感染が拡大し、10月の出雲駅伝は

7月27日、中止に追い込まれた。地元ボランティアらの安全確保も理由のひとつ。11月に全日本大学駅伝、年明けに箱根駅伝と続くが、開催できるかは不透明だ。

吉川は「新型コロナの深刻さを改めて痛感しました。ただ、この期間にモチベーションを維持してどう取り組むかが今後の駅伝につながる。最後まで希望を持ち、必要な練習とチーム作りを行います」と誓う。

「感謝を伝えるために箱根を走る」

「時の人」を生み出す箱根駅伝は特別な世界。そのスポットライトはまぶしすぎて選手たちは足元を見失いがちになる。卒業後に燃え尽きたように活躍できなくなる選手もいる。酒井監督は「いつもの環境から外に出ることで見えてくるものがある。卒業して社会人になってから気づくことを今回、故郷に戻り、社会の中に身を置くことで気づけたのかもしれない」とうなずく。

走り込みの成果が問われるのは秋から冬の駅伝だ。数カ月間、自主性に任せたことが正解だったかは分からない。駅伝が中止なら、結論すら出ないかもしれない。それでも、心を育てるという意味では、間違いなく大事な時間になったと酒井監督は感じている。

「当たり前だと思っていたことに感謝する」と考えるようになった吉川にとって、その感謝を伝えるために箱根を走る価値は今まで以上に増している。

「なくなったら、と考えると怖い。内心は、とても心配に思いながら生活しています。でも開催された時、もっと練習しておけばよかったと思うようだったら負けです」

現実から目を背けず、自らの意思で歩んでいく。

「人の役に立ちたい」——全盲の17歳、再び前へ

筑波大学付属視覚特別支援学校
フロアバレーボール部
田辺凪

ボールの行方に耳を澄ませ、得点と同時に静寂を破る歓声に胸を躍らせてきた。視覚障害者も楽しめるように考案されたフロアバレーボールの世界に身を置く。新型コロナウイルスの感染拡大で、2020年夏の「盲学校の甲子園」こと全国盲学校フロアバレーボール大会は中止になった。全盲の17歳、田辺凪《なぎ》にとって一心に競技に打ち込んできた日々は途端に過去のものとなった。だが心に残ったものは無念ばかりではない。歩みを振り返る時、胸がほんのり温かくなる。

感覚を駆使してスパイクを打つ

「なぎー、久しぶり」

6月18日、東京都文京区の筑波大学付属視覚特別支援学校。感染拡大に伴う休校で滋賀県彦根市の実家に帰省していた高等部3年の田辺は約3カ月半ぶりに登校した。迎えてくれたのは

フロアバレーボール部の仲間たちの声だ。感染の広がりに一時は足元から日常が崩れるような虚無感を覚えた。だが変わらない聞き慣れた声に包まれ、自らの居場所を再確認した。

田辺は彦根市で一家の次男として生まれ、生後10カ月で両目の網膜に悪性腫瘍が見つかった。「網膜芽細胞腫《もうまくがさいぼうしゅ》」と診断され、医師から「このままでは命が危ない」と告げられた。すぐに右目を摘出し、温存療法を試みた左目も2歳になる前に摘出。家族の顔の記憶も残る前に失明し、義眼となった。

全盲の子供は光を感じられず、生活リズムを整えるのが難しい。昼夜逆転しやすいといわれるが、田辺もそうだった。リズムをつかむためにも3歳から市内の滋賀県立盲学校幼稚部に通った。学校では聴覚、触覚、嗅覚、味覚を駆使して物や空間を認知するすべを学んだ。小学部に進むと、平日は寮で寝泊まりし、週末だけ自宅に戻る生活になった。

両親は田辺が5歳の時に離婚し、母・睦美さん（44）と5歳上の兄との3人暮らしとなった。近くで暮らす祖父母の助けも借りながら母はスーパーで働き、家計を支えた。

田辺とフロアバレーボールとの出合いは小学4年生の時、体育の授業だった。バレーボールと同じ広さのコートで、床上高さ30センチの隙間《すきま》を作るように張られたネットの下を転がしてボールを打ち合う。6人制で前衛3人はアイマスクを着用した全盲の選手らが務め、弱視の選手ら3人が後衛で指示を送る。3打以内で返せないと相手に得点が入るルールもバレーボールと同じだ。

コートの広さや形、ネットの位置などを把握し、ルール、攻守の陣形などは教員から説明を受けながら頭の中に落とし込んでいった。スパイクなどの動作は手取り足取り指導された。ボールの音や相手の足音、気配などを頼りに防御の隙間をイメージしてスパイクを打ち、体を張ってブロックした。

「激しさが楽しかった。打ち込めるものがようやく見つかったと感じた」

5年生になると、部活動として取り組む中学部に交じって本格的に活動を始め、中学部進学後は力強いスパイクを武器にチームの中心的存在となった。

無念さも感謝も心の中に

スポーツを通じて心も前向きになった。「自分に合った人生を探したい」と刺激を求めて上京を志願。そのまま高等部には進学せず、睦美さんの反対を押し切って筑波大付属視覚特別支援学校を進路に選んだ。

同校はスポーツが盛んで、フロアバレーボール部も全国屈指の強豪。親元を離れて寮生活となり、週2回の部活動だけでなく、夜間にも自主練習に励んだ。週末には電車で一人、横浜市の社会人チームの練習に通った。「好きという気持ちがエネルギーの源」と技術を磨いた。チームは2019年夏、岩手県花巻市での全国盲学校大会で準優勝した。

いよいよ頂点が見え、練習に熱を入れていた時に新型コロナの感染が広がり、2020年夏の全国盲学校大会の中止が決まった。休校で実家に戻り、自宅で筋力トレーニングに励んでいた4月下旬、その知らせを告げる知人からのメッセージがスマートフォンの読み上げ機能で流れた。「大会がなくなるらしい」。無機質な響きは今も耳に残る。

「悔しくて、一生受け止めきれないかもしれないと思った」

それから3カ月が過ぎた。新型コロナは再び感染が拡大している。学校が再開しても密集を避けるため部活動は再開できず、代替大会の開催も見通しが立たない。「人の役に立てる仕事」に就きたいと卒業後はしんきゅう学を学ぶため大学進学を目指しており、今は机に向かう時間が長くなった。「本当なら今ごろは練習していたはず」と時折、無念さがこみ上げる。

耳を澄ませ、ボールの動きを的確に把握する田辺凪（筑波大学付属視覚特別支援学校提供）

ただ同時に歩んできた道のりが浮かび、胸を温かくする。1年前の全国盲学校大会決勝まで進んだ時、「必要のない人は誰一人いない。全員で成り立っているチーム」と仲間と思いを分かち合った。応援に駆けつけてくれた母と実家に戻る新幹線車内で2時間以上も「来年は優勝する」と熱く語った。

思えば、母には長く感謝の気持ちを伝えられないできた。思春期に入り、会話を避けがちになっていた。だが心から思う。

「今の僕があるのは、母がやりたいことを応援してくれるから。『やってみよう』と前向きな気持ちにさせてくれる。本当に感謝しています」

全国制覇は果たせなかったが、卒業後、仲間を誘って、もう一度チームを作り、社会人として夢を追うのもいいかと思っている。

「何事にも前向きに挑戦し、努力する」

そうすれば光は差し、友が集まる。フロアバレーボールがそれを教えてくれた。

実戦形式の練習でQBに迫る
日本大学アメリカンフットボール部の伊東慧太主将（中央）
（東京都世田谷区の日本大学グラウンドで2020年8月2日＝松本晃撮影）

第2章 2020年 夏

練習再開を待ちわびた日々、その思いをグラウンドにぶつける

マウンドを降りた小さなエースが踏み出した、大きな一歩

佐賀女子高校ソフトボール部
大石華梨

キャッチャーミットにボールが収まる乾いた音が勝利を告げた。佐賀女子高校ソフトボール部3年のエース、大石華梨《かりん》（18）が152センチの全身を使って投じた直球にバットは空を切った。6月21日、佐賀市健康運動センター。新型コロナウイルスの影響で中止となった佐賀県高校総体の代替大会決勝で、宿敵の佐賀県立鹿島高校を5―0で破った。

「やりきった」

スランプにも活動自粛にもめげず、悲願だった雪辱を果たすと、日に焼けた顔に白い歯がのぞいた。

生まれ育った同県神埼市で白球を追い始めたのは小学3年の時だった。ただ最初は同じ白球でも軟式少年野球だった。ふたつ上の兄・大雅《たいが》さん（19）のいた地元チームに女子で唯一加わり、腕を磨いた。同市立千代田中学校でソフトボールに転向し、頭角を現した。2年の時、投手として出場した九州大会でストライクが入らずに敗れた悔しさでスイッチが入った。昼休みなど時間を見つけては練習を重ね、3年時には同校を初の全国中学校体育大会出場に導いた。

女子日本代表投手の藤田倭《やまと》（29）がいた2006年に全国高校総合体育大会で優勝した経験のある名門・佐賀女子高に進むと、朝練が始まる前に自主練習に励む熱心さで力を伸ばした。

壁にぶつかったのは2019年6月の県高校総体決勝だった。好調さを買われて3年生エースに代わって先発したが、「3年生を勝たせたい」との重圧が手元を狂わせた。四回のピンチで甘く入った球を痛打された。それが決勝点となり、0―1で5連覇を逃した。この場面、盗塁を阻止できなかった捕手の岡本萌花《もえか》（17）の試合後の泣き顔が目に焼き付いた。その時の対戦相手こそが鹿島高だった。「打たれたのは自分なのに、萌花を落ち込ませてしまった。萌花に笑ってほしい」と雪辱を誓った。

2020年6月、佐賀県立鹿島高校との決勝で力投した大石華梨。152センチだがマウンドでは存在感抜群で大きく見える（佐賀県の佐賀市健康運動センターで2020年6月21日＝尾形有菜撮影）

活動再開に向け、地道な自主トレの日々

だが、しばらくはスランプに陥った。「自分のせいで試合を落とした。負けは自分が取り返す」

気合は空回りし、思い通りの球が投げられなくなり、練習試合でも出番が減った。津上さおり監督（47）が鹿島戦を振り返る。

「あの敗戦は調子のよかった打線を過信して送りバントを使わなかった私の

采配ミス。でも大石は責任を1人で背負った。その後はどこも状態は悪くないのに『調子が悪い』と言っていました」

だが同級生たちの言葉を借りれば、「落ち込んでも努力してはい上がる」のが大石だ。冷静に自らを見つめ直した。肩に力が入り、マウンドで独り相撲を取っていたことに気づいた。バックを信じて、打たせて取る原点の投球スタイルを思い返した。短距離ダッシュや長距離走、筋力トレーニングなど地道でハードな冬場の練習も乗り越えて決戦の日に備えた。ともに歩む岡本も「球威が戻ってきた」とミットから大石の復調を感じていた。

そんな時、流行し始めたのが新型コロナウイルスだった。3月、学校は休校になり、部活動も自粛となった。近くに暮らす同級生とキャッチボールなど自主トレに励み、投球フォームを動画に撮って知人から助言をもらった。専門学校に通う兄の大雅さんにも球を受けてもらった。大雅さんは、「(妹は)活動再開に向け、すぐに対応できるように必死だった」と語る。

だが4月に全国高校総体の中止が決まり、県高校総体も5月11日に中止が決まった。その日はショックで自分の部屋から出られなかった。ただ各都道府県高体連が代替大会の開催を検討していることが報じられていた。それを望みに、再開した部活動で汗を流した。

願いが届き、佐賀県は5月25日、全国に先駆けて代替大会の開催を発表した。校内のグラウンドで練習中の部員たちに、津上監督が「代替大会が決まったよ!」と声をかけた。大石は「心の中でガッツポーズした」。足取り軽く帰宅した大石に、母・知子さん(38)は「頑張ってきた子供たちに試合をさせてあげたいと思っていたので、本当にうれしかった」と振り返る。

2020年6月、後輩の投手たちと記念撮影する大石華梨（中央）。投手陣の中でもひときわ小柄だったが、頼れるエースとして活躍した（佐賀県の佐賀市健康運動センターで2020年6月21日＝尾形有菜撮影）

「人を救う仕事がしたい」、コロナ禍で生まれた新たな夢

7校が出場して6月20日から2日間の日程で開幕した代替大会で、佐賀女子高は勝ち上がり、迎えた21日の決勝。待ちに待った「雪辱の日」だが、大石には不思議と力みはなかった。

「力を出しきる」

自宅を出る時から、そのことに集中していた。ボールを追えない自粛期間が勝敗以上に純粋にソフトボールができる喜びを教えてくれたのかもしれない。

球を受ける岡本は「調子のいい時の音だ」と感じた。その通り、バックを信頼して打たせて取り、四回までパーフェクト投球。五回、六回は救援陣に任せ、再び七回にマウンドに戻った。内野安打で走者を出しても「萌花を信じよう」と冷静さを失わず、空振り三振で試合を締めた。

「体は小さいのに、まさかここまでの投手になるとは」

津上監督も驚く集大成の投球となった。

競技生活は高校までと大石は決めている。新型コロナウイルスの感染拡大に伴って、新たな夢が見つかったからだ。活動自粛中、居間のテレビでいつもまぶしく見えたのは最前線で奮闘する医師や看護師ら医療従事者だ。感染のリスクがある中、懸命に命を守っていた。代替大会ができたのも、そこで仲間と最後に喜びを分かち合えたのも、医療従事者の支えがあったからだと思う。

「ああいう人たちがいるから、今、生活ができている。人を救う仕事がしたい」

そんな思いが日に日に強まった。

高校で食物科に進んだのは、甘い物好きが高じてパティシエになる道を選んだからだった。知子さんは大石の志を「せっかく食物科に進んだのにとも思うが、本人が選んだことなら」と応援する。看護師などを選択肢に入れているが、医療の道を進むには、また一から勉強し直さなくてはならない。

だが大石はひるまず進む。

「つらくても置かれた状況で一生懸命取り組む。それが結果として、自信につながると思う。今度は勉強を頑張らないといけない」

晴れやかにマウンドを降りると、休む間もなく新たな一歩を踏み出した。

いつか再び室戸から甲子園へ——6校16人チームに込めた願い

高知県立室戸高校野球部
山川将輝

太平洋にせり出した室戸岬の漁師町、人口1万2000人の高知県室戸市に県立室戸高校はある。2007年の春、甲子園に室戸旋風を巻き起こした野球部は過疎化の波にのまれ、影を潜めた。ただ創部71年の伝統の灯はたった1人の3年生の胸にしっかりともっている。新型コロナウイルスにもめげず、東西200キロ超をまたぐ6校での「巨大連合チーム」で勝負に出る。

7月初旬の夕刻。雨が屋根を打つ校内の柔道場に部員たちはいた。無心で素振りを繰り返し、玉の汗を浮かべていたのは室戸高野球部唯一の3年生で主将の山川将輝《まさき》(18)だ。往時は部員60人を誇ったが、現在は2年生2人、1年生1人を含めて4人。だがユニホームの柄や色は違えど、離れたところにもチームメートはいる。

「野球ができるのがうれしい」

連合チームを組む遠くの友を思い浮かべ、山川のバットから「ブンッ」と風を切る音が鳴る。

「東と西の果てで、連合チームを組む時代になってしまうなんてね」

傍らで見守る柴原享一《きょういち》監督(58)が遠くに目をやった。

「室戸旋風」は地域一帯で紡いだ夢の物語だった。戦後の高度経済成長期、市の人口は3万人

素振りを繰り返し、額に汗を浮かべる主将の山川将輝（高知県室戸市で2020年7月3日＝倉沢仁志撮影）

を超えた。だが主力産業の遠洋マグロ漁業が衰退し、過疎化に歯止めがかからなくなっていた1998年、誰が言い始めたか、「高校野球が強くなりゃ、街は盛り上がるろ」との声が上がり始めた。もともと野球王国と呼ばれた四国。野球熱の高い土地柄である。地元選出の県議ら有志が集い、市内唯一の高校である室戸高野球部を支援する「育成会」が発足した。

栄光からの転落、静寂が再び町を包む

当時中心メンバーとして活動した市内のスポーツ店経営、亀井司郎さん（65）は「頻繁に市外へ中学生の野球の試合に出かけては『室戸で野球をしよう』と声をかけました」と懐かしむ。そのかいあって、市外から有望な選手が徐々に集まり始めた。室戸市は高知市から車で2時間以上かかるため交通の便に難がある。ならばと、育成会が廃校となった地元の県立室戸岬水産高校の校舎を寮として整備し、有志が交代で寮生の世話に乗り出した。

地域の愛情に育まれ、野球部は力をつけた。取り組みが評価され、選抜高校野球大会「21世紀枠」の県推薦校に繰り返し選出された。そしてついに2006年秋の四国大会で4強入りし、2007年選抜高校野球大会で初の甲子園出場をかなえた。

1回戦で大会屈指の左腕で後に福岡ソフトバンクホークスで活躍した近田怜王《れお》投手（30）を擁する報徳学園高校（兵庫）を降すと、2回戦では宇部商業高校（山口）に逆転勝ち。準々決勝で熊本工業高校（熊本）に敗れたが、試合ごとに約40台のバスで市民が駆けつけてアルプス席を埋めた。一致団結した声援を送り、応援団賞の最優秀賞に選ばれた。残った市民も自宅でテレビの前にくぎ付けとなった。亀井さんは「室高《むろこう》の試合中は、外に人っ子一人いなかった」と振り返る。チームの凱旋《がいせん》の際には市役所前が市民でごった返した。

当時、野球部の部長を務め、甲子園のダッグアウトに入っていたのが現監督の柴原氏だ。「まさか1回戦で優勝候補に勝つなんて思いもよらなかった」と振り返る。だが栄光の日々は長くは続かなかった。各地から部員が集まり、寮生も増えて目が行き届かなくなっていくと、少しずつ規律にほころびが出始めた。2008年に部員の喫煙や部内暴力が発覚。さらに2009年にも喫煙や飲酒、恐喝などで日本学生野球協会から6カ月の対外試合禁止処分を受けた。

積み上げたものが崩れるのは一瞬だった。有力中学生は他の強豪校に流れた。過疎とも相まって、60人を超えていた部員は減少。柴原監督も2009年、異動で室戸高を離れた。市民の熱は冷め、育成会の活動も縮小していった。

２００キロ以上離れた選手の心がひとつに

室戸市に生まれ育った山川だが室戸旋風の記憶はない。本格的に野球に取り組み始めた小学5年のころには、もう過去の話になっていた。ただ山川が室戸高で野球をすると決めた時、隣町の工場で働く父・陽一郎さん（58）は満足げにうなずいた。

「親としてはうれしかった。あの室高のユニホームを着るわけですからね」

陽一郎さんも２００７年のセンバツ当時はテレビにかじりついて応援した。記憶は鮮明で、陽一郎さんにとっては、室戸高野球部は「地元の誇り」であり続けていた。

２０１８年春、入部した山川を待っていたのが柴原監督だった。２０１６年春の異動で再び室戸高に戻っていた。部員数は減り、単独チームでの出場は同年夏の県大会が最後となっていたが、連合チームでの出場を続け、部の伝統を守っていた。

２０１８年夏の県大会を最後に3年生が引退すると、残された部員は山川１人となった。柴原監督とマンツーマンでの練習が始まった。「練習の数だけは強豪校並みにこなしてきた」と柴原監督は胸を張る。山川はピッチングマシン相手に１５０球程度入った箱が何度も空になるまで打撃練習を繰り返した。

２０１９年夏の県大会は4校での連合チームで初戦敗退した。それでも歩みを止めず、２０２０年夏は最も東の室戸高から高知丸の内高校（高知市）、高岡高校（土佐市）、幡多《はた》農業高校（四万十市）、清水高校（土佐清水市）、そして最も西の宿毛《すくも》高校（宿毛市）まで東西２００キロ以上をまたぐ6校16人で連合チームを組むことになった。

そんな時、忍び寄っていたのが新型コロナウイルスだった。5月20日に夏の全国高校野球選手権大会の中止が決定し、甲子園への道は途絶えた。だが、その10日後、救済策として県高校野球連盟から県内23チームがトーナメント方式で争う独自大会の開催が発表された。

県内過去最多となる6校の巨大連合チームの挑戦が始まった。6月7日、中間地点の高知市内のグラウンドに集まり、初の合同練習に励んだ。自己紹介に始まり、それぞれサインを決め、連係プレーの練習に励んだ。山川は「久々の実戦練習。各ポジションに選手がいることが新鮮だった」と言う。6月14日と7月12日には練習試合も行い、本番に備えた。野球に懸ける思いは離れていても同じ。だから雨が降ろうが練習は休まない。

チームは独自大会開幕初日の7月18日に高知市の県立春野総合運動公園野球場で、センバツ優勝経験もある強豪、伊野商業高校とぶつかる。部長としてダッグアウトに入る柴原監督は言う。

「一人でも野球がやりたい子がいれば、受け入れて教え続けるのが指導者としての役目。連合チームで出場が続く高校が再び単独で戦うというのは正直難しいですが、あわよくば、という思いはあります」

いつか再び室戸から甲子園へ——。部員1人になっても活動を続けた山川が望みをつないだ。いよいよ集大成の舞台。

「きれいなセンター前ヒットを打ちたい。悔いのないスイングをして室戸に帰ってきます」

山川が晴れやかに宣言した。

追記：2020年7月18日、連合チームは1回戦で伊野商高に3―6で敗退。山川は無安打だったが「積極的なスイングができた」と後悔なく振り返った。

「感謝」を体現するため、ラストチャンスに挑む

天理大学ラグビー部
シオサイア・フィフィタ

たたきつけるような大粒の雨だった。人工芝のピッチが水浸しになる中、それでもしぶきをあげながら全力で駆けていた。新型コロナウイルスの影響で2カ月半、活動を休止していた天理大学ラグビー部が6月11日午後、奈良県天理市のグラウンドで全体練習を再開させた。

悲願の大学日本一を目指す171人の集団で、ひときわ存在感を放つのがトンガ出身の4年生で副将のCTB（センター）、シオサイア・フィフィタ（21）＝国際学部4年。ずぶぬれになりながらも迫力ある突進を見せ、練習が終わると、187センチ、103キロの屈強な体に似合わぬ少年のような笑みを広げた。

「悪天候でも、みんなで楽しくできたのがうれしい」

いつしか雨も上がり、夕空には晴れ間も広がっていた。

スーパーラグビーの今季のレベルズ戦前半、サンウルブズのシオサイア・フィフィタはボールを持って突進（右から2人目）（福岡県福岡市で2020年2月1日＝須賀川理撮影）

１９２５年創部の天理大ラグビー部は２０１１年度と２０１８年度の全国大学選手権大会で準優勝した強豪。関西大学リーグで２０１９年度、チーム初の4連覇を遂げた。主力を担ってきたフィフィタらが最高学年になった今季の目標は初の日本一だ。だが新型コロナの感染拡大で、春のリーグ戦は中止に追い込まれ、練習試合もできない。先行き不透明な状態は続くが「大学選手権での日本一、それしか考えていない」と本番の冬に向けて、フィフィタは決意をにじませる。

南太平洋の島から、寒さ厳しい能登半島へ

フィフィタは２０２０年春、ひとつの夢を実現させていた。南半球最高峰リーグ「スーパーラグビー（ＳＲ）」の日本チーム「サンウルブズ」のメンバーに大学生ながら選ばれ、プロ選手に交じって全6試合に先発出場し、自慢の突破力を発揮した。感染拡大で3月中旬に打ち切られたが、フィフィタは目を輝かせながら振り返る。

「SRは小さいころからテレビで見た憧れの舞台。とても速いラグビーが勉強になったし、まだまだスキルもスピードも足りないと思った」

帰国後、大学に戻ったが4月2日から部活動は休止となった。ラグビー部は全寮制だが部員の半分以上は帰省した。学内の寮や施設は完全には閉鎖されなかったため、フィフィタは残った部員らと感染対策をしながら自主トレーニングを積んできた。

「SRが途中で終わって悔しいし、チームに戻ってもいつも通りにならない。大学生ラストの年だし、早く試合がしたいねって4年生で話し合っています。SRで得た経験をみんなに伝え、8月には練習試合ができると信じて準備したい」

食生活も乱すことなく、体脂肪率を落としてわずか10%に。いつでも試合に臨む準備はできている。

南太平洋に浮かぶトンガのハアパイ諸島に生まれたフィフィタは4人きょうだいの上から2番目。少年時代から足が速く、陸上競技が得意で、もちろん国技のラグビーにも親しんだ。日本にも多くの留学生を送り出すラグビー強豪校「トンガカレッジ」に通う中学3年の時に本格的に競技を始め、日本航空石川高校（石川）から誘いの声がかかった。

「海外でのニューライフに憧れがありました。トンガでは海外に出るのは普通のこと」

心弾ませて来日した。

学校のある石川県・能登半島の4月は肌寒かったのを覚えている。日本の知識は「ほぼゼロ」で、話せる言葉は「こんにちは」だけだった。部には各学年に1人ずつ、トンガからの留学生がいたが、2人の先輩は優しく突き放した。

「俺たち3人で一緒にいたら成長できない。みんなと一緒にいろ」

日本特有の上下関係も体感しながら半年後には日本語でコミュニケーションを図れるようになった。生まれて初めての雪を見るころには輪の中に溶け込んでいた。

「冷静になれ」、支えになった監督の言葉

支えとなったのが、同校ラグビー部のトンガ出身留学生第1号で、2020年春監督に就いたシアオシ・ナイさん（31）だった。ナイ監督は当時、同校で寮監兼コーチを務めていた。

「トンガ人はマイペースで時間にルーズな子もいる。ただ『トンガタイム』は日本では許されないよと教えました」と笑顔で思い起こす。

当時のフィフィタは突出した身体能力を持つ一方、心のコントロールは未熟で仲間のミスにいらだつことがあった。ナイ監督には、その心の動きが手に取るように分かった。その都度「冷静になれ」と諭した。コーチ、先輩として、時には兄貴として寄り添った。

入学時は身長180センチ、体重70キロ台半ばだった。しかし、鍛錬に加え、毎朝、寮の食堂にあった納豆と卵をかき混ぜてご飯を何杯も食べる習慣がつくと、体重は100キロを超え、ベンチプレスで180キロを持ち上げるまでになった。本人いわく「納豆パワー」だ。

肩の脱臼を繰り返すなど故障にも悩まされたが、主力として出場した3年時の全国高校大会（花園）では2回戦でシード校の国学院栃木高校（栃木）と引き分け、抽選で3回戦に進出する

原動力となった。

ナイ監督をはじめとした同校の留学生の先輩たちに続き、普段から合宿への参加などで縁のある天理大を進学先に選んだ。留学生を対象にする国際学部の日本研究コースで、日本の言葉や文化、歴史などを学び、ラグビー部では1年時から主力となり、粗削りだったプレーも洗練されていった。

届きそうで届かない日本一の座。フィフィタもその悔しさと厳しさを身をもって知る。2年時の2018年度の全国大学選手権準決勝では帝京大学の10連覇を阻む金星を挙げながら、決勝で明治大学に敗れた。5点を追って後半ラストプレーのホーンが鳴り、敵陣深くで逆転への望みをつなぐパスが回ってきたが、自身の落球でノーサイドとなった。

「悔しすぎて、今も映像を見ることはできない」という。前季も前評判は高かったが、優勝した早稲田大学に準決勝で14―52と大敗した。敗れた舞台はいずれも秩父宮ラグビー場（東京都

日本航空石川高校2年時の全国高校ラグビー大会でプレーするシオサイア・フィフィタ（大阪府東大阪市花園ラグビー場で2015年12月28日＝宮武祐希撮影）

港区）で、大歓声にも後押しされる早明の壁にはね返された格好だ。前季から決勝の舞台は、新たに完成した国立競技場（東京都新宿区）に戻っている。関西勢の優勝が１９８４年度の同志社大学以降遠ざかっている事実は、アウェーの状態でも80分間を平常心で戦い抜く難しさを物語っている。

練習再開後、同じポジションの選手や後輩を呼び止めて熱心に助言するフィフィタの姿が目立つようになった。

「僕がリーダーシップを取って、ずっと毎日毎日、練習に取り組む。みんなひとつになれば、日本一は間違いない」

副将を託され、プレーだけでなく、精神的な支柱としてチームを引っ張る覚悟を行動で示す。小松節夫監督（57）は「プレーヤーとしての絶対的な信頼があり、もともと主将にしようと思っていた」と明かす。サンウルブズなどでチームから離れる期間もあり断念したという。ただ、世界レベルを体感して帰国したフィフィタを「自主練の期間も姿勢が前とは全く違った。高校や大学では突出した存在なので、ちょっと間違えたらてんぐになる危険もある。そういう意味ではサンウルブズで世界の高いレベルを知れたのはよかった」と目を細める。

盟友とともに桜のジャージーを目指す

フィフィタの素顔をよく知る日本航空石川高時代からの盟友のＳＨ藤原忍（21）＝体育学部4年＝も変化を感じ取る。

「最近、寮で練習の動画をずっと見ている。もともとはシャイなやつだが、日本語もどんどんうまくなり、積極的に発言するようになった」

高校時代、藤原は来日して間もないフィフィタとスマートフォンの検索機能を駆使して「会話」し、箸の使い方から教えた。ともに向上心が強く、朝練や夜間の筋力トレーニングに誘い合って絆を深めた。

「今では落ち込んでいる時も分かる。みんなは遠慮しても自分なら厳しい言葉も掛けられる。（無料通信アプリの）ＬＩＮＥ（ライン）では『了解』『飯行こ』とか漢字でやり取りするし、留学生という感覚はもうありません」

しのぎを削るように藤原も成長し、大学生世代で構成される「ジュニア・ジャパン」で国際大会に出場し、活躍する。

「見なくても（フィフィタが）どこに走り込んでくるか分かる」と誇らしげに藤原が言う２人のホットラインは天理大の生命線。藤原は「大学日本一になり、将来は２人で一緒に（日本代表の）桜のジャージーを着てプレーしたい」と夢を膨らませている。

フィフィタの日本での生活も7年目。トンガで暮らす両親から、「今年はリーダーになったし、チームを日本一にしないといけないね」とエールを送られている。新型コロナで先行きは不透明でも「みんなを引っ張ってワンチームを作り、笑って大学ラグビーを締めくくりたい」と力を込める。創部95年、チームをまだ見ぬ場所へ連れて行くため、大好きな日本語「感謝」の思いを体現するため、ラストチャンスに懸ける。

再結束を果たし、甲子園でよみがえるコバルトブルー旋風

福島県立磐城高校野球部
岩間涼星

福島県立磐城《いわき》高校野球部が25年ぶりに阪神甲子園球場（兵庫県西宮市）に戻ってくる。新型コロナウイルスの影響で中止された選抜高校野球大会の救済措置として8月10日に開幕する交流試合に出場する。21世紀枠での出場を決めていたセンバツに続き、夏の全国高校野球選手権大会も中止が決まった時、チームは目標を失い、揺れた。選手たちを再び結束させたのは、祈りにも似た1通のメールだった。

朗報と悲報、激動の半年間

福島県いわき市の住宅街にある磐城高校は1986年創立の県内屈指の進学校。野球部は1906年創部で甲子園では1971年夏に準優勝している。伝統を受け継ぐ主将で捕手の3年、岩間涼星（17）が迫る夢舞台を前に実感を込める。

「たくさん大変なことがあったけれど、中途半端にせず、みんなでここまで来られた」

朗報と悲報が飛び交った激動の半年間だった。

最初の朗報は2020年1月24日、46年ぶりのセンバツ切符だった。12年ぶりに出場した2019年秋の東北大会で、台風19号で被災した市民を勇気づけようと8強入り。大会後は約

バッティング練習をする主将の岩間涼星（福島県いわき市で2020年1月25日＝宮武祐希撮影）

半月間、浸水した民家からの泥出しや家具の運び出しなどボランティアに取り組んだ。社会活動も評価され、21世紀枠で選出された。

　ただ背後に忍び寄っていたのが新型コロナウイルスだった。3月に入ると、政府の休校要請で全体練習ができなくなった。そして3月11日、センバツの中止が決定した。同校野球部OBで2014年からコーチ、監督として情熱を注いできた数学科教諭の木村保氏（49）は県立福島商業高校への異動が決まり、夢舞台を踏めないまま3月末、涙のノックで部員へ別れを告げた。

　4月からは後任監督として同じ磐城高野球部OBの渡辺純氏（38）を迎えて全体練習を再開した。

「木村先生たちを甲子園に連れて行きたい思いは俺も一緒だ。夏の大会、勝って甲子園に行こう」

磐城高校の教え子に監督として最後のノックをする木村保氏(手前左)(福島県いわき市の磐城高校グラウンドで2020年3月30日=磯貝映奈撮影)

新指揮官・渡辺監督の言葉を胸に再始動したのもつかの間、政府の緊急事態宣言を受けて再び活動停止になった。そして5月20日、夏の甲子園の中止が決まった。地方ごとの独自大会の開催を模索する動きが報じられていたが、部員29人、中でも3年生12人の動揺は大きかった。

翌日の放課後、3年生が校内の会議室に集まった。相次ぐ中止に重い空気が漂っていた。左翼手でレギュラーの清水真岳《まさたけ》(18)が切り出した。

「甲子園も県大会もない。このまま野球も勉強も中途半端になるのは嫌だ。野球だけをやって生きているわけじゃない」

清水が受験勉強に備えて部を引退する意向を示すと、数人が同調した。今後の活動方針の結論を出せずに散会した。

主将の岩間の心にも、もやがかかっていた。複雑な胸中を打ち明けるメールを送った先が恩師の木村氏だった。木村氏は5月に県高校野球連盟の副理事長に就いていた。

「先生を甲子園に連れて行けなくなって申し訳ありません。でも、代わりの大会が福島で行われることを信じて頑張ります」

しばらくして返信が届いた。

「大好きで始めた野球を嫌いにならないでくれ。それをみんなに伝えてくれ。自分もできる限り、独自大会開催に向けて努力する」

岩間は恩師の言葉を部員一人ひとりに電話で伝えた。そして「一緒に野球も勉強もやり抜こう」と説得。受験勉強に軸足を移していた清水らも、徐々に岩間の熱意にほだされた。

後押しするように朗報が届いた。5月末、県内の独自大会が開催される方針が決定。自粛要請が解け、6月8日に3年生全員そろって練習を再開すると、その2日後には甲子園での交流試合開催が発表された。

「独自大会で優勝し、甲子園へ行く」

グラウンドに活気が戻った。

独自大会、相手校客席にサプライズ演出

その勢いで独自大会を勝ち上がる。7月25日の3回戦では地元のいわきグリーンスタジアムで、同じ進学校の県立安積《あさか》高校に11―0で快勝し、8月1日にある4回戦への進出を決めた。

感染予防で部員と保護者しか入場できないスタンドは閑散としていたが、勝利後、磐城高ナ

インがグラウンドで校歌を歌い上げる時、安積高の客席にエールの文字が浮かび上がった。「祝!! 甲子園交流試合出場!!」

1字ごとに用紙にプリントした文字を安積高の保護者たちが掲げていた。同校は2001年に初採用された21世紀枠でセンバツに出場しており、喜びを分かち合ってくれていた。

スタンドに気づかず、後で知らされた清水が胸を熱くする。

「安積も同じ進学校で、野球を続けるかどうか悩んだと聞いた。応援してくれる気持ちがうれしい」

交流試合は各校1試合のみで、磐城は8月15日の第2試合で東京の国士舘高校と対戦する。2019年秋の東京大会で2連覇を遂げた実力校だが、岩間は「甲子園は勝ちにいくところ。全力でプレーして勝って、お世話になった方々に恩返ししたい」と誓う。

1971年夏の甲子園決勝で桐蔭学園高校（神奈川）に0―1で惜敗して準優勝した際は帽子や胸の校名、アンダーシャツの色鮮やかなコバルトブルーとともに強烈な印象を残した。その旋風から半世紀、甲子園に立つのも1995年夏以来四半世紀ぶり。何事も一生懸命にやるという決意から「Play Hard」の部訓を残した木村氏は「野球も勉強も、彼らは全力でやり抜いてきた。独自大会でも、甲子園でも同じ姿を見せてくれると信じている」と胸を高鳴らせている。

先輩の命を次の世代へつなぐ、30回目の「7月24日」

奈良県立御所実業高校ラグビー部
監督・竹田寛行

奈良県立御所実業高校ラグビー部は２０２０年暮れ、東大阪市花園ラグビー場で第１００回を迎える全国高校大会で初優勝を目指す。部員２人の弱小チームを準優勝４度の強豪に育て上げた竹田寛行監督（60）が定年を迎える節目であり、80人を超える部員にも気迫がこもる。新型コロナウイルスの感染拡大で活動制限が続いたが、６月から全体練習を再開。そして部の歩みにとって特別な日である「７月24日」を今夏も迎えた。

奈良県御所市の御所実高には、その７月24日、全国の強豪校が集結していた。２０２０年で30回を数える合同の夏合宿だ。新型コロナウイルスの影響で例年の４分の１程度の11校の参加に絞り込んだが、御所実高にとっても今季初の練習試合の場となり、24日を挟む４日間、同校周辺にも広がる会場は熱気に包まれた。竹田氏は「今年も無事に開催できてよかった」と息をつき、30年前に思いを至らせた。この合宿の始まりとなった、ある部員の死だ。

練習試合での事故、願いは届かず……

アクシデントが襲ったのは監督就任２季目の１９９０年５月27日だった。部員２人、廃部寸前の部を率いて１年。勧誘に駆け回って人数を確保し、定時制の天理高校２部との練習試合が行われていた。２年生だったプロップの北島弘元さんがスクラムで頭から崩れ落ちた。当時、同期のフランカーとしてスクラムで北島さんを押し込んでいた現在ラグビー部長の中谷圭氏（46）は「ジャージーを後ろから引っ張って起き上がらせようとしたが、今度は力なくあおむけに倒れて……」と振り返る。

竹田氏が駆け寄って北島さんの足を触り「感覚はあるか」と呼びかけると「ないです」と返ってきた。救急車で運ばれ、診断結果は頸椎《けいつい》骨折だった。

事故を受け、部は存続の危機に直面した。当時、校内は荒れ、番長格の「やんちゃ」な生徒を誘って花園を目指す30歳の青年監督は教員間でも浮いた存在だった。事故翌日から練習は禁じられ、竹田氏は連日、回復を願って部員たちと病院へ通った。

「無心で何かをやれば、願いがかなうと思った」

ズボンの膝がすり切れるまで校内の廊下を拭いて回った。だが願いは届かなかった。手術をしたが、会話もままならない状態が続き、北島さんは約２カ月後、16歳で亡くなった。

当日、北島さんの家族から連絡を受けた竹田氏は病院に向かった。

「手術もして、山を越えて快方に向かうと信じていた時期だった。何も考えることのできない放心状態だったことしか、思い出せない」

北島さんは身長１８０センチ、体重１００キロ超の大柄の選手だった。中学時代は卓球部だったが、竹田氏が体格を見込んで勧誘した。体力作りのため奈良県桜井市の自宅から自転車で片道２時間以上かけて通学。１年間で自転車を３台も買い替えた。父の進さん（74）は「（脚力がついて）２年生の時には30分ほどで登校できるようになった。口数は少なかったが、監督にも仲間にも恵まれ、『楽しい』と言っていた」と思い起こす。

「勝たせてやるは、うそやったんか！」

部員の顔を見るのもつらくなり、竹田氏は距離を置くようになった。

「俺にはこの仕事もこの町も合わなかった」

望んで就いた監督職だったが、自暴自棄になり、教職を辞して責任を取ろうと考えた。再就職先も決まり、次の道に歩もうと思いかけていた秋、部員たちから呼び止められた。

「お前が俺たちに火をつけたんちゃうんか。勝たせてやるって言うたやないか。あれはうそやったんか！」

重ねてきた日々が竹田氏の脳裏を駆け巡った。学校に伏せて繰り返した校内合宿。部室に隠しておいた布団を夜の教室に運び込み、部員たちと一緒に寝た。外に光が漏れないように窓には新聞を張った。「秘密」を共有することで監督と部員、教師と生徒という言葉だけでは言い表せない深い信頼関係を築いていた。事故以降、魂の抜けた竹田氏を遠目に見ながら、部員たちは監督と活動が再開できる日を信じ、隠れて自主練習を続けていた。

保護者たちも動き出した。学校側に練習の再開を求めたのだ。失意の中にいた進さん自ら教育委員会に掛け合った。進さんは振り返る。

「毎日、喜んで練習に行っていた息子の姿を思い出せば、竹田さんがどんな方かは分かります。

それに息子の大好きだった仲間から、ラグビーを奪いたくなかった」

次第に竹田氏は気づかされたという。

「自分がつらくて、その場から逃げ出したいだけだった。部員に『利他的な行動をしろ』と教えてきた私が、自分のことばかり考えていた。情けなかった」

年が明けて1991年1月、活動再開が許された。事故から半年以上がたっていた。飛躍を誓い、バスで遠征できるように大型の運転免許を取得。何より事故の再発防止に向け、選手の顔色や体調の変化を注視するようにした。そのためにも「グラウンドに最初に出て、最後に去る」ことを自らに課し、今も続けている。

全国から強豪集う「御所ラグビーフェスティバル」

北島さんの死から1年がたった1991年夏、追悼と飛躍への誓いを込めて始めたのが合同合宿だった。日付は7月24日、北島さんの命日だ。最初は数校を招いての練習試合だったが年々規模は拡大した。御所実高の選手たちは早朝に起床し、グラウンド整備や、弁当や氷の準備など裏方の仕事にも奔走する。宿泊や食事の手配などは役所や自治会、農業協同組合も協力。近年は人口3万人に満たない御所市に約1万人が訪れるまでになった。追悼試合でなく、「楽しい名称を」と提案したのは北島さんの両親だった。「御所ラグビーフェスティバル」と名を変え、地域一帯の夏の風物詩として定着し、今に続いている。

北島さんと同じプロップの3年、小林龍司（17）は言う。

御所実業高校ラグビー部にとって特別な日である7月24日。改めて飛躍を誓い、練習試合で出た課題をミーティングで整理する竹田寛行監督（右奥）（奈良県御所市の御所実業高校で2020年7月24日＝長宗拓弥撮影）

「北島さんがいて今の御所がある。中谷コーチ（部長）をはじめ、当時の方が今でもチームを支えてくださっています。僕らが次の世代に受け継がないといけない」

中谷氏も「当時の話はもうしないが、皆が北島を大切に思ってくれているのは伝わる」と話す。

御所実高はこの合宿を足場に強化に励み、1995年度、全国優勝経験もある県内の名門・天理高校を破り、花園出場をかなえた。合宿を通じて竹田氏は参加校に惜しげもなく強化のノウハウを授けた。「御所一門」と呼ばれ、東海大学大阪仰星高校（大阪）、京都成章高校（京都）などが、群雄割拠の予選を勝ち上がる地力と精神力を蓄え、全国屈指の強豪校となった。

竹田氏を師匠と慕うのは、花園出場29回の石見《いわみ》智翠《ちすい》館《かん》高校（島根）の安藤哲治監督（46）。「見た目は怖いが、あの温かさのおかげで、今のうちのチームがあると言っても過言ではありません。裏切れない一番の恩人です」

２０１８年度の花園覇者の大阪桐蔭高校（大阪）の綾部正史監督（45）は「毎年、自分たちの立ち位置を知り、課題をもらえる場所。竹田さんは高校ラグビー界を引っ張ってきた方だし、定年の今年度はどんなエネルギーを出してくるのか楽しみ」と語る。

２０１９年秋のラグビー・ワールドカップで活躍したＦＷ姫野和樹（26）＝トヨタ自動車＝を育てた中部大学春日丘高校（愛知）の宮地真監督（54）も「教員になって、こんな先生が実在するんだって思いました。選手たちが本気でぶつかる本当に幸せな空間」と表現する。

7月24日、そのグラウンドで最も大きな声を張り上げていたのは、やはり竹田氏だった。

「選手たちの楽しそうな声が戻ってきてうれしい。でも私の声が一番大きいですね」

新型コロナで自粛期間中もオンラインでトレーニングやミーティングを重ね、全体練習、練習試合と一歩ずつ前進し、勝負の冬を見据える。

練習試合中に負傷し、高校2年で亡くなった長男・北島弘元さんの遺影を胸に、御所実業高校ラグビー部や竹田寛行監督への思いを語る父・進さん（奈良県桜井市の北島進さん宅で2020年7月21日＝長宗拓弥撮影）

悲願の日本一を最も願う一人が、北島進さんだ。息子の弘元さんを失ってからも応援に駆けつけ、部に寄り添ってきた。

「息子が亡くなって30年が過ぎて、竹田さんも定年、花園は第100回。いろいろな縁を感じるんです。竹田さんはこの30年、息子のことを忘れず、よう辛抱してやってこられたと思います。事故なんだから、もう責任を背負う必要はない。花園で選手たちと思う存分に暴れてほしい。そして最後に日本一の監督になる姿が見たい」

「卒業より挑戦」大学5年生、伝説と現役のラガーマン

早稲田大学ラグビー部
大平純造

全国大学選手権大会連覇を目指す早稲田大学ラグビー部にただ一人、「大学5年生」の部員がいる。フッカーの大平《おおだいら》純造（22）＝文学部。4年間を控えで過ごし、レギュラーの座をつかむため大学に残ることを決意した。新型コロナウイルスの感染拡大でシーズンを迎えられるか不透明だが、伝統のジャージーを着てグラウンドを駆ける自らを夢見て努力を続けている。

「5、6、7……」

タイムを読み上げる声と笛の音にせかされながら、横一列に並んでグラウンドを延々と往復

1月の全国大学選手権決勝で宿敵の明治大学に勝利し、優勝時だけ歌うことが許される「荒ぶる」を熱唱する早稲田大学の選手たち（東京・国立競技場で2020年1月11日＝喜屋武真之介撮影）

する。

「折り返す時はラインをしっかり越えて止まれ。だから上に上がれないんだ！」

一切のごまかしを見逃さないコーチから厳しい声が飛ぶ。

汗を飛ばして黙々と走るのが、身長174センチ、体重94キロ、優しい顔をした大平だ。新型コロナの影響による活動休止を経て6月中旬、チームは段階的に再始動した。大平はまだレギュラーの練習に加われず、入部したばかりの1年生や控えメンバーたちとともに鍛錬を続ける日々だ。

自身に問う「これで終わっていいのか」

「♪荒ぶる吹雪の逆巻くなかに――」

1月、早大ラグビー部は11季ぶりに大学選手権を制した。王者になった時にだけ口にできる部歌「荒ぶる」を真新しい国立競技場のグラウンドに響かせていた時、歓喜の輪に加わりながらも耐えがたい悔しさをかみしめていた。自身の年代が日本一に輝いた喜びよりも、一度も1軍のレギュラーになることなく4年間が幕を閉じたむなしさに襲われた。

これで終わっていいのか――、そんな思いが去来していた。

神奈川県鎌倉市出身。ラグビー好きの両親の影響で、幼稚園の年長の時からラグビースクールに通い始めた。物心ついたころ、早大の赤黒ジャージーが大学ラグビー界を席巻する姿をテレビが映し出していた。２００６年2月の日本選手権2回戦で、佐々木隆道氏（36）＝キヤノンFWコーチ＝が主将として率いる早大がトップリーグのトヨタ自動車を撃破する大番狂わせを演じて4強入りした。

「いつか自分も赤黒ジャージーを着たい」

憧れは確かな目標となり、早稲田実業高校（東京）を経て早大に進んだ。小中学生時代はスピードとパスワークで勝負するバックスだったが、体重が増えるにつれて背番号は小さくなり、高校からはタックルを使命とするフランカー、大学1年の夏にはスクラム最前列のプロップに転向した。

赤黒ジャージーと無縁に過ごした最後の1年

だが大学では試練が続いた。1、2年時、実力は部内で一番下。5軍の試合にすら、2年間で通算40分間程度しか出場できなかった。規律も厳しく、退部を3回、迫られた。1度目は腰を痛めて別メニューで調整中に引っ越しのアルバイトをしたことが発覚した時。2度目は練習でプレーの決まり事を間違えた時。3度目は試合でスパイクを忘れた時。50日間、グラウンドに入れてもらえなかったこともあった。

膨らみすぎた部員数を絞り込もうとしていた時期でもあり、退部勧告を受けた選手は少なくなかった。でも「気づいたらコーチに謝り、グラウンドに戻っていた」。3度もの危機を乗り越えて部に残った選手は他にいなかった。執念が実り、3年時には1度きりだったが1軍の試合に途中出場した。着実に力はつき、4年生になった2019年、実力者上位60人程度しか入ることを許されない上井草のラグビー部寮（東京都杉並区）に移った。

「今年1年、ラグビーを最優先にしよう」

就職活動をせずにラグビーに没頭した。サラリーマンとして働く自身をイメージできなかったこともあるが、赤黒ジャージーに袖を通すには、同期が就職活動に励む春先に練習に打ち込まなければならないと考えた。事実上、この時点で4年間での卒業は諦めていた。

そんな2019年5月の試合前日、練習の最後のメニューで右足の甲を負傷し、2カ月半、戦列からの離脱を余儀なくされた。故障が響き、結局、「最後の1年」も赤黒ジャージーと無縁で終えた。日本一を成し遂げ、サントリーに進んだSH斎藤直人（22）ら、同期メンバーがまぶしく輝くほどに自らがふがいなく、くすんで見えた。

決意と不安が交互に襲う

大学スポーツの選手資格は競技団体ごとの判断に委ねられている。ラグビーは年齢や在学年数について明文化された規則はなく、5年以上プレーを続ける選手は珍しくない。管轄する関東ラグビー協会の取り決めでも、大学に在籍している限り5年生でも6年生でも公式戦に出場できる。

「荒ぶる」の輪の中で「もう1年、やってやる」との思いが込み上げた大平だが、数日たつと、「本当に自分なんかが、もう1年やっていいのか」との不安が頭をもたげた。厳しい練習と引き換えにレギュラーの座にたどり着ける確証もない。冷静になると、一歩を踏み出せなくなった。

「荒ぶる」から9日後だった。くすぶる気持ちを抱えたまま向かったウエートトレーニング場。大学日本一に輝いた2007年度主将で、NECで現役引退後の2019年度に部に戻った権《けん》丈《じょう》太郎アシスタントコーチ(34)と鉢合わせした。2001~2008年度の8年連続で大学選手権決勝に進み、うち5度優勝した早大の黄金時代を飾る一人で、豊富な運動量のFW第3列として大平の記憶に残る偉大な存在だ。

部に残るかどうか、迷いを打ち明けると、即答された。

「迷っているなら、やった方がいい」

その一言が、意を固めるトリガーとなった。横浜市の実家に戻り、両親に「もう1年やらせてください」と伝えた。父親は「好きなようにやれ」と許してくれた。新主将の丸尾崇真(21)にも「昨季、優勝はしたが、俺は何もできていない。もう1回やらせてほしい」と頭を下げた。2度目の「最後の1年」が始まった。

早大ラグビー部には、語り継がれる「5年生」がいる。19年前に大平と同じ選択をした中村喜徳《よしのり》さん（42）。学生時代からおやじっぽい風貌で「とっつあん」の愛称を持ち、略して「凸（トツ）」と呼ばれた。

中村さんも長い下積みを経た部員だった。入学から3年間、レギュラーは遠く、4年生で就職活動より部活動を優先した。スクラム最前列のフッカーとしてレギュラーの座をつかんだが、全国大学選手権は2回戦で敗れた。結局、在籍した4年間、関東対抗戦グループで一度も優勝できず、大学選手権でも一度も決勝に進出できないまま終えた。就職活動を後回しにしたことから納得のいく就職先も見つからず、卒業を1年遅らせることにした。

5年生となる2001年春、再建を託され、監督に就任したのが清宮克幸氏（53）＝日本ラグビー協会副会長＝だった。清宮監督からは部に残ることを勧められた。「後輩の出番を奪いたくない」と一度は断った。だが「やり残したことがある」という思いを抱いていたのも事実だった。中村さんも大平と同様に、当時、周囲のコーチに相談したら返ってきた言葉は「迷っているならやれ」だった。

迷った時は原点に戻れ

しばらくブランクはあったが練習を再開すると、5年生ながら誰よりも献身的な中村さんのプレーは後輩の模範となった。「トツ」は「素早く動き出す」を意味する隠語として部に伝わる。肉体強化にも人一倍熱心で、茶わんに白米がとがるほど山盛りにすることは今も「トツ盛り」と呼ばれている。レギュラーとしてチームの11季ぶりの対抗戦優勝に貢献し、大学選手権でも準優勝。ここから始まる黄金時代のレールを敷いた。

中村さんは現在、米ニューヨークの不動産会社に勤務している。ラグビー界から離れ、ビジネスの世界に身を置く。「自分のことを話すのはあまり好きではない」とメディアに登場することは少ない。

ただ話題が「大学5年生」となれば別だ。オンラインでの取材に応じ、「ぜひ納得のいく結果を残してほしい」と大平へのエールを寄せてくれた。

中村さんにとって、あの1年は、チームを引っ張る4年生としての重圧から解放され、純粋に選手として競技を楽しめた時間だったという。カリスマ性を備えた清宮監督の指揮でチームが大きく変わっていく様を目の当たりにし、対抗戦優勝のタイトルも手に「得がたい経験となった。迷惑をかけた親と、受け入れてくれたチームに感謝の気持ちは常にあった」と述懐する。

大平へのメッセージには、早大ラグビー部の先輩で、在英日本大使館参事官だった２００３年、イラクへの長期出張中に銃撃事件に遭い、45歳で死去した奥克彦さんの講演で聞いた言葉を引用した。

「今しかできないことを自分でとことん考え、一日一日高い目標を求めて死力を尽くす。その中で迷った時には原点に戻り、自分はなぜここにいるのかを考えてほしい」

部内マッチに出場する大平純造（中央奥）（2020年1月1日＝早稲田大学ラグビー部提供）

残り半年、迷いなく挑む

その大平の5年目に立ちはだかるのが新型コロナだ。関東大学春季大会が中止となり、部の活動も一時休止となった。秋から通常通り大会が実施されるかも不透明だ。だが「あると信じてやるしかない」と割り切る。既に食品メーカーから就職の内定を得ており、仮にシーズンが中止となろうとも、今季が本当に最後だ。

ラストシーズンはプロップからフッカーに転向し、バックス経験者としての器用さも生かしてレギュラーの座を狙う。活動休止で全体練習ができなかった間、寮の部屋などで一人、スクラムの姿勢を取り、膝を落として背筋を伸ばし、筋力強化に励んだ。それを動画で撮影し、同期のフッカーで既に就職した森島大智《だいち》(22)に送って助言ももらった。

「ポジション変更は賭け。チームのフッカーたちを追い抜いてレギュラーになるには、自粛期間にできることをやらないといけない」

グラウンドを覆うネットに向けてラインアウトのス

ローイングの練習も黙々と繰り返した。

その背中は、後輩たちの目に焼き付いている。プロップ、久保優（22）＝スポーツ科学部4年＝は「誰よりも早くグラウンドに出てスローイング練習をしている。あの人が努力しているのは見ていて分かる」と話す。丸尾は「本当に赤黒ジャージーを着たいという一心でやっている。チームの誰もが目指すべき理想的な姿。あの人が今年、レギュラーを獲得できれば、チームは必ずいい影響を受けるはずだ」と考えている。

チームは2020年1月、大学選手権決勝で宿敵の明治大を破り、優勝した時にだけ口にできる部歌「荒ぶる」を国立競技場に響かせた。だが大平はその歓喜の輪の中にいながら、一度もレギュラーになれないまま4年間が幕を閉じることに悔しさをかみしめた。

大平は誓う。

「あの悔しさを忘れず、残り半年間、迷いなくプレーしていきたい」

早大を再び黄金時代に導くのは、必ずしもスターとして名をはせる選手ではなく、中村さんや大平のような地道な努力を積み重ねる存在なのかもしれない。

唯一の女子球児として、白球と夢を追い続けた夏

茨城県立石岡第一高校野球部
浜田芽里

新型コロナウイルスの感染拡大で中止が決まる前から、甲子園でプレーする道は閉ざされていた。それでも白球も夢も追い続けてきた。茨城県立石岡第一高校（同県石岡市）3年で、野球部員79人で唯一の女子選手、浜田芽里《めりい》（17）。チームメートをスタンドから見つめながら、過ぎゆく夏に何を感じていたのだろうか。

長い梅雨がようやく明けた8月2日、水戸市のノーブルホームスタジアム水戸。夏の全国高校野球選手権大会中止の救済策として開かれた県独自大会4回戦で、3年生部員だけで臨む石岡一高は水城高校と緊迫した投手戦を繰り広げていた。スコアボードに0が並ぶ中、浜田は背番号27をつけてスタンドにいた。3年生27人のうち唯一出場権のない浜田にも林健一郎監督（45）は背番号を用意してくれた。感染予防のマスクを着用した浜田は祈るような目で仲間を見つめた。八回裏に2点を許し、そのまま0―2でゲームセット。

「長くて、つらいこともいっぱいあったけれど、みんなと一緒に野球ができて本当によかった。ずっと、この時間が続けばよかったな」

浜田はそうつぶやいた。

顔面骨折、それでもグラウンドに

4歳上の虎太郎さん（21）、2歳上の龍寿《りゅうじゅ》さん（19）、2人の兄の背中を追って小学校1年の時、石岡市内のスポーツ少年団で野球を始めた。母・あゆみさん（48）によれば「兄妹3人で毎日、野球の話ばっかりしていた」。市立八郷《やさと》中学校でも当然のように野球部に入り、唯一の女子選手として2年の秋には二塁手でレギュラーを獲得した。3年生になり、県内上位チームが集まる最後の大会では優勝もした。

だが高校に入ると、女子選手は男子に交じって公式戦に出場できなくなる。日本高校野球連盟は安全面への配慮から大会参加資格を男子に限定している。言及のない練習試合には出場できるが、日本高野連、県高野連の主催試合には出られない。浜田は進学先に女子硬式野球部のある高校を探したが、当時、県内にはなかった。県外の強豪校にもひかれたが、寮がなく、費用や通学時間の面から断念した。迷った末に2018年春、2人の兄同様、地元の石岡一高に進んだ。

同校は1910（明治43）年に農学校として開校。野球部も1914（大正3）年創部と歴史が古い。浜田が入部したのは2016年から2年連続で春季関東大会に出場し、強化が進んでいた時だ。唯一の女子選手として交じると、155センチの体はひときわ小さく映った。入部間もない5月、練習でボールが右頬に直撃し、顔の骨が折れた。腫れが治まってから入院して手術することになったが、骨折の翌日、腫れが引くのを待つ間も練習を休まず、ジャージー姿で仲間のサポートに励んだ。

「甲子園に戻って勝つ」がチームの合言葉

なかなか満足のいくプレーができず、「迷惑をかけたくない。うまくなってみんなと同じレベルで野球をしたい」と居残り練習を続けた。熱意は伝わり、部員たちは捕球の仕方などを教えたり、自主練習でノックを打ったりしてくれた。

「言い訳せず、チームのために誰よりも率先して動く。一生懸命な姿を見て、自分も『こんなんじゃ駄目だ』って心動かされる。みんなに刺激を与えてくれる選手です」が、同学年の主将、古屋健太郎（17）の浜田評だ。

2年生になる2019年春、憧れの舞台に立った。同校には浜田が学ぶ普通科だけでなく、園芸科や造園科もあり、部員たちは実習と練習を両立させる。その活動も評価され、2019年の選抜高校野球大会で21世紀枠に選出された。春夏通じて初の甲子園出場を遂げ、浜田は開会式の入場行進でプラカードを持ってチームの先頭を歩く大

2019年春のセンバツの開会式リハーサルでプラカードを手に石岡第一高校の選手たちを先導する浜田芽里（阪神甲子園球場で2019年3月22日＝山田尚弘撮影）

役を言い渡された。初めて訪れた甲子園の観客の多さに圧倒されたが、心は躍った。1回戦で盛岡大学付属高校（岩手）に延長十一回、サヨナラ負けしたが、アルプススタンドから見た仲間は「いつもの倍かっこよかった」。次なる目標として「甲子園に戻って勝つ」がチームの合言葉になった。

2019年夏の県大会は優勝した霞ケ浦高校に準々決勝で1点差で敗れた。秋の県大会も優勝した常総学院高校に準決勝で敗れ、センバツへと通ずる関東大会出場を逃した。あと一歩のところにある甲子園を目指し最後の夏を見据えた。そこを襲ったのが新型コロナウイルスだった。

最後の舞台前夜、父に打ち明けた本心

一時部活動が休止になっても浜田は歩みを止めなかった。「冬場につけた力を落としたくない」と連日、体を動かした。

陸上部に所属する大学生のいとこと走り込み、動画配信サイト「ユーチューブ」を通じて、体幹トレーニングを独学した。大学生の2人の兄から空き地でノックを受け、打撃練習にも励んだ。逆境でも尽きない向上心に建設会社を営む父・幸司さん（48）も「負けず嫌いで、ストイック」と感心していた。

願いは届かず、5月20日に全国高校野球選手権大会の中止が決まった。救済策に動いた県高野連は6月、県独自大会の開催を決めた。3年生に最後の舞台を用意する趣旨から、従来のべ

ンチ入り人数の20人枠を撤廃。密を避けるため一度にベンチ入りできるのは15人だが、入れ替えて出場できることにした。そんな特別ルールで開催される今回も女子選手に門戸を開く動きにはならなかった。

独自大会直前の7月5日、福島県立磐城高校を水戸市に迎えての練習試合。それが浜田の最後の舞台となった。八回の守備から途中出場で二塁に入り、ピンチでゴロをさばき、併殺に仕留めた。九回にも記録こそ失策となったが強い打球を体ではじいた。打席は回ってこないまま3―0で勝利した。

「最後までいいところを見せられなかった」。悔しさをのぞかせたが、レギュラーメンバーとともに試合に出られた喜びも同居していた。

試合前夜、浜田は自宅で、幸司さんと向き合っていた。

「高校で野球をやめてもいいかな」

「疲れたのか。これから好きなことをやればいい」

恐らく最後の舞台となるであろう練

独自大会4回戦で水城高校に惜敗し、浜田芽里はスタンドから静かにグラウンドを見つめる（2020年7月19日＝藤井朋子撮影）

習試合を翌日に控え、浜田の胸に「もうやりきったかな」との思いが広がっていた。振り返れば、小学1年で2人の兄の背中を追うように野球を始め、中学生のころに「人の倍、努力しないと試合に出られないな」と幸司さんが何気なく漏らした一言が、浜田の闘争心に火を付けた。いつも明るく優しく導いてくれるのが父だ。練習試合前夜も短いやり取りだったが、ここまでの挑戦を父が認めてくれた気がした。

保育士になって、病気の子供を支えたい

男子選手に交じって走り続けた3年間。林監督も「女子ということを忘れるぐらい意識せず、特別な配慮もしなかった。体力で及ばないところはあるが、野球センスでは引けを取らず、ものすごく頑張る姿をずっと見てきた」とたたえた。3年の阿部千夏マネジャー(18)も「人間性が輝いている。いつも明るく『お疲れ』と声をかけてくれ、遅くまで自主練習していた。野球部で一番尊敬しています」と実感を込めた。

浜田は進学して保育士の資格を取ろうかと考えている。病院内で勤務し、病気やけがで入院した子供やその家族を支える保育士の仕事に憧れている。顔の骨折で入院した際、気さくに話しかけてくれた看護師のおかげで不安が和らいだ。「そんな人になれたらいいなって思います。大変な病気をしている子供たちを支えてあげたい」と調べて見つけた職業だ。

野球を通じて、人とのつながりの大切さを学んだ。

「母は一番の心の支えだし、友達は部活に行く時『頑張れ』と励ましてくれた。野球部のみん

なはつらい時に救ってくれたり、笑わせてくれたり。いろんなつながりや支えがあったから、ここまで野球ができました」

青春が詰まったグラブを静かに置いて、新たな一歩を踏み出す。

日本バレー界のダイヤの原石、61歳差、「鬼」の名伯楽と対決の日々

埼玉県坂戸市立桜中学校バレーボール部
徳留巧大

約半年ぶりの実戦の場はシューズが床で鳴らす「キュッ」という響きさえも心地よかった。新型コロナウイルスの影響で、中学バレーボール界の今季の全ての主要大会が中止となり、8月4日、埼玉県内に男子の有志9チームが集まり、開かれた独自の交流試合。同県坂戸市の市立桜中学校バレー部3年、徳留巧大《とくとめこうた》（15）は185センチの長身を生かし、断トツの数のスパイクを決めた。焼けた肌は活動休止中も努力を重ねた証し。日本協会の強化事業本部長などを歴任してきた名伯楽、萩原秀雄さん（76）が「バレー界への最後の奉公」と日本代表に送り込むため手塩にかける「ダイヤの原石」だ。

徳留はバレー一家に生まれ育った。日本体育大学でプレーした父・清智《きよとも》さん（54）は強豪・埼玉県立坂戸西高校の男子バレー部監督で、同校3年の兄・聖大《せいた》さん（18）も所属する。母・

美佐保さん（48）は東京学芸大学のエースとして全日本大学選手権4強に入った経験を持ち、埼玉県西部地区を本拠とするクラブチーム「アザレア」の小学生チームの監督を務める。徳留はそこで小学1年から競技を始めた。

小学生時代から父に付いてよく高校の体育館に行った。大人用のボールでサーブを打ち、自然と肩回りの筋肉が強化された。家の中ではソファの背もたれをネット代わりに兄とボールを打ち合った。ある日、ボールが当たって食器が割れたが、美佐保さんは「バレーを楽しくやってくれるなら、窓ガラスが割れても構わない」ととがめなかった。休みの日は早起きし、バレーの国際大会の録画を食い入るように見た。小学2年でスパイクやジャンプフローターサーブを打てるようになったセンスに加え、身長も毎年5〜8センチほど伸び続けた。

その才能に目を付けたのが、桜中で外部指導者を務める萩原さんだった。萩原さんは、清智さんの前任の坂戸西高監督で、新設校だったチームを全国大会に13回導き、日本代表に巣立った米山裕太（35）＝東レ＝らを育てた。２００５年に教員を定年退職後は日本協会で強化責任者を担った。２００８年北京オリンピックでバレー日本代表のチームリーダーを務めた後、ＮＰＯ法人の発起人として２００９年に結成したのがアザレアだった。萩原さんはジュニア育成の一環として、活動エリアにある桜中を連日、指導するようになり、徳留という原石に出会った。中学入学時点で１６６センチと背が高く、守備もできる。勝負どころで思い切り攻めきれない精神面の弱さを克服すれば日本代表をも狙えると将来性を直感した。

萩原さんは教員時代から自他共に認める「鬼監督」。「心身を限界まで追い込むような厳しい

萩原秀雄さん（右端）から指導を受ける徳留巧大（左奥）ら桜中学校の選手たち（埼玉県坂戸市の桜中学校で2020年6月28日＝小林悠太撮影）

指導が必要。苦労しながら努力することで子供たちは成長できる」を持論とする。

練習から一切の妥協を許さず、気の緩みやミスには容赦がない。1年からエースを託された徳留はいつも怒られ役で「その適当さを直せ」「気持ちが弱い」と怒号が向けられた。プレーでもトスは他のアタッカーに上がらず、1人で打ち続けることを強いられた。他校の指導者からは「ワンマンエースで他の子に全く打たせないチーム作りはおかしい」との指摘もあるが、耳を貸さない。同じく中学時代に萩原さんの指導を受けた兄に徳留は「なぜ自分だけ怒られるのか。嫌だ」とこぼしたこともあった。萩原さんは「答え」は示すが「解き方」までは説明しない。例えば、「ブロックの手を前に出せ」とは指示するが、ステップや体の角度は自分で考え、試行錯誤しなくてはならない。

それら厳しい言葉も、突き放した態度も全ては期待の表れだった。中学1年の夏のある日、萩原さんから突然投げ掛けられた言葉に驚いた。

「人生の最後にもう一度、日本代表選手を育てたい」

それは本心で、萩原さんが米山と電話していた時、「未来の日本代表に代わるから助言してやってくれ」と傍らにいた徳留に電話を差し出したこともあった。日本代表はいつしか、61歳離れた師弟の共通の目標となっていった。

日本代表へ　コロナ下も「特訓」

2020年2月上旬、徳留は日本協会が岩手県内に全国の有望な中学生約40人を集めた長身選手発掘育成合宿に参加し、さらに日本代表への意欲が増した。新型コロナで部活動が休止となったのはそんな3月上旬だった。体育館も使えず、練習はできない。しかし、「休んだ分を取り戻すことはできない。継続が力になる」と萩原さんは思案した。

桜中の部員はアザレアのジュニアチームにも籍を置く。中学の部活動ではなく、クラブの自主練習として活動を続けることを保護者に提案。密閉、密集、密接の「3密」を避けるため、屋外の公園で数人に絞って練習した。「今、やれることをやります」と徳留に迷いはなかった。

連日、萩原さんの指導のもとで2～3時間のトレーニングを続けた。最も厳しいメニューは500メートルを10本程度走るインターバルトレーニング。体育館の練習ではあまり走り込むことはなく、持久走の苦手な徳留は本数を重ねるごとに息が上がった。萩原さんはストップウオッチを手に「いいぞ、記録が前より伸びている。今、体力をつけることは将来に必ずつながる。練習の成果は2、3カ月後に出る」と励ました。

4月下旬には全国中学校大会の中止が決まった。兄は2度出場しているが、自身は1、2年時、関東大会止まりだっただけに出場を目標としていた。各都道府県選抜で争われる12月のJOCジュニアオリンピックに目標を切り替えたが、それも5月下旬に中止が決定。最高学年のふたつの全国大会とも目の前から消えた。

だが不思議と落ち込むことはなかった。中止を見越して部員たちに口を酸っぱくして言っていた萩原さんの言葉が心にあった。

「試合は練習の発表会に過ぎない。大会があるかどうかに関係なく、3年間、練習で努力し続けることが大事だ」

部活動を再開した6月、1500メートル走の記録が30秒ほど上がっていた。ふくらはぎと太ももは一回り太くなった。体育館でバスケットボールのゴールをめがけてジャンプすると、3メートル5センチの高さにあるリングを手のひらひとつ分、超えた。この期間で最高到達点は10センチ以上伸びて、中学の全国トップクラスの3メートル

レシーブ練習で萩原秀雄さん（手前）の投げるボールに必死に食らいつく徳留巧大（埼玉県坂戸市の桜中学校で2020年6月28日＝小林悠太撮影）

25センチに及んでいた。ジャンプ力だけでなくレシーブ時のフットワークもよくなり、辛口の萩原さんも「意欲的にトレーニングを続けた。基礎体力を徹底的に鍛えたことは将来的にプラスになる」とたたえた。

全国大会は中止となったが、徳留は練習漬けの日々を再開している。萩原さんは公式戦に近いプレッシャーをかけるため、レギュラー選手たちにはレシーブからスパイクまでミスなく20本連続で成功するまで練習を終えないなど厳しい課題を連日与える。

8月4日の独自の交流試合は、ここまでの集大成の場としてアザレアが主催したもので、そこで徳留は進化を実証した。もちろん、簡単に満足しない萩原さんからは「今まで指導してきた中で、こんな弱いエースはいない。やる気があるのか」と活を入れられ、他校の指導者は「ハギさんは昔から変わらない。よく徳留はふて腐れずに続けているよ」とあきれていたが——。

進路について、父からは「坂戸西高の監督としては来てほしいが、それ以上は言わない。自分で決めろ」と告げられた。上のレベルの選手たちと競い合って刺激を得るため、地元を離れて県外の強豪高への進学を検討している。だから徳留にとってコロナ禍の中で過ごす残りの中学生活は、名伯楽の薫陶を受ける「最後の1年」でもある。まだまだ続く萩原さんとの日々の「対決」が、徳留にとって全国大会以上に貴重な真剣勝負の場となる。

追記：徳留は2021年4月、2019年全国高校総合体育大会優勝の長野・松本国際高校に進学した。
高校日本一を目指している。

子供にプレーさせたいけど……医療従事者両親の苦渋の決断

ドッジボールの少年団「高階イーグルファイターズ」
仲丸桜誠、岡　敬介

親としては我が子の活動を後押ししたい。だが現実には、新型コロナウイルスの感染拡大に伴い、子供から大好きなスポーツの場を奪うという理不尽な決断をも迫られる。この春、医療機関や福祉施設で働く多くの親が抱いたであろう葛藤。埼玉県川越市に拠点を置くドッジボールのスポーツ少年団「高階《たかしな》イーグルファイターズ」の２組の両親もそうだった。

東京・池袋から埼玉に向かう東武東上線の準急電車に揺られること約40分、高階イーグルファイターズの子供たちが暮らす川越市高階地区の中心地、新河岸《しんがし》駅に着く。駅前に高層ビルはなく、住宅街が続くベッドタウンだ。昔ながらの街並みが残る「小江戸」として知られ、観光地の川越市だが、それはひとつ隣の川越駅周辺の話。チームの保護者の半数以上は、川越市とは縁もゆかりもなく、職場や都心への距離からここを居住地に選んだ。

確かな理由はたどれないが、伝統的に川越市の小学生たちのドッジボール熱は高い。埼玉県内全17チームのうち川越市内で最多８チームを数える。市内では小学校ごとに競技を選んでスポーツ大会を行っているが、県協会関係者によると、６割の学校がドッジボールを選択している。特に高階地区では地区内５校対抗のドッジボール大会が開かれており、子供にとって最も身近なスポーツのひとつだ。

２００３年、市内の別のチームを指導していた久高健《くだかたけし》監督（60）が高階地区に引っ越してきたことをきっかけに高階イーグルファイターズは結成された。現在は小学２年から６年の児童22人が所属。親たちが運営に携わり、４年ぶり２度目の全国大会に出場するため県大会優勝を目指している。

「なんで練習に来ないの？」知らされなかった自主練

新型コロナの感染拡大に、２０２０年の活動は振り回されている。３月上旬からの休校で、拠点の市立高階小学校体育館が使えなくなったため、チームは活動自粛に入った。ただ子供たちは練習を望み、６年生６人だけで土日に近所の公園で自主練習することになった。

攻撃の主軸を担う小学６年の仲丸桜誠《おうせい》（12）の父・洋一さん（40）は川越市内の病院で事務職として働き、母の加奈江さん（39）はさいたま市内の老人ホームで生活相談員を務める。３月に入ると、医療施設でのクラスター（感染者集団）発生が報じられ、日に日に職場の緊張感は高まった。両親は「自分たちが感染すれば、職場は大変なことになり、命に関わる。逆に自分たちが職場で保菌していれば、チームに迷惑をかける」と思い悩んだ。

自粛を求める世間の目が厳しくなり、両親は「なるべく人と会わない方がいい。桜誠の練習参加もやめさせよう」と決めた。３月下旬のある夜、加奈江さんは息子に６年生だけの自主練習が実施されることを伝えず、「外に出るのはやめよう」とだけ告げた。自主練習があることを知らない桜誠は、「ゲームやユーチューブを楽しめるからいいや」と小さくうなずいた。

自粛期間中、夜に家族で少し散歩するだけで、桜誠はすぐに疲れるようになった。「他の子供と体力の差ができるとかわいそう」と思った加奈江さんはトレーニング用具をインターネットで購入した。休日には庭で一緒にパスの練習をした。それでも、桜誠は次第にストレスをためていた。ゴールデンウイーク中に政府の緊急事態宣言の期間が延長されると「いつになったらできる？　早くみんなと練習がしたい」と何度も両親に訴えた。

5月下旬、桜誠はチームメートと遊んだ際、「なんで練習に来ないの？」と聞かれた。桜誠は初めて自主練習の存在を知った。両親の仕事内容を考えれば、事実を伏せられていたことに怒りは湧かなかったという。ただ衝動は抑えられない。母が仕事から帰ってくると「みんな練習やっているの？　行っていい？」と尋ねた。感染が一時、収束に向かっていた時期だったこともあり、加奈江さんは迷った末に参加を認めた。

毎日500球のボールを自宅の壁に

同じ6年の岡敬介（12）一家も似た悩みを抱えていた。母の郁《いく》さん（47）は川越市内の病院に介護職で勤務し、父の裕和さん（42）も老人ホームで管理職を務める。高齢者は感染すれば、重症化が懸念される。緊急事態宣言後、郁さんは自宅で敬介を諭した。

「お父さんとお母さんのお仕事を分かっているよね？　練習はやめてね」

敬介は理解を示したが、胸の内では「みんなに置いていかれたくない」と焦りを感じた。

小学1年でサッカーを始めた敬介はアキレスけんを痛めて伸び悩み、5年の夏にドッジボールに転向した。6年生の中で入団は最も遅く、これまで大事な試合で出番がなく、試合後のミーティングで悔し涙を流したこともある。

自粛中は連日500球以上、自宅の壁にボールを投げた。家の中でも競技用よりもやや小さく軟らかいボールを使い、紙コップを的にして投げた。球がそれて壁にぶつかるたびに「バーン」と音が響いたが、郁さんは「やめなさい」とは言えなかった。

ただ、いくら自主的に体を動かしても運動量は減る。少しぽっちゃりしてきた敬介の体を見て、両親は「これ以上はかわいそう」と話し合い、仲丸家とほぼ同時期の5月下旬に練習参加を認めた。

5月末、近所のグラウンドでの自主練習に桜誠と敬介が戻ってきた。

「桜誠が来たー」

「敬介も来たー」

と仲間から歓喜で迎えられ、2人は照れ笑いを浮かべた。

屋外で練習してきた証しとして膝のサポーターが砂利で破れている仲間がいるのと対照的に、2人のサポーターはきれいなまま。周囲が軽くこなす練習にも息が上がった。感覚も鈍って思うようにいかなかったが、それでも桜誠は「全身が痛くなったけど、楽しかった」と喜び、敬介も「うれしい」と充実感を漂わせた。

また自粛期間はマイナスだけでもなかった。一人、自宅で留守番することが多かった桜誠はご飯を炊いたり、率先して皿洗いをしたりするようになった。学校の準備や時間管理も徹底するようになり、加奈江さんは「考えて行動できるようになった」と感じる。敬介は一人黙々と壁にボールを投げ続け、春に買った新球の革をボロボロにし、「1年ぐらい使ったみたい」と周囲を驚かせた。投球は力強さを増し、経験不足から気後れすることもなくなった。

開催を信じて「最後の1年」を過ごす

5カ月ぶりの試合で生き生きとした表情を見せる仲丸桜誠（埼玉県川越市の川越運動公園総合体育館で2020年8月1日＝小林悠太撮影）

緊急事態宣言の解除に伴い、6月から学校が始まり、5年生以下も含めて全体練習が再開された。8月1日には、川越市の川越運動公園総合体育館で約5カ月ぶりの大会として県内の新人戦が開かれた。全国的にドッジボールの大会は再開していない地域が多いが、埼玉県協会の副理事長も兼ねる久高監督は「大変だが、今やらないと、再開の糸口が見えない」と決断した。

感染防止のため選手もプレー中、声を出さないように取り決める徹底ぶりで、客席も好プレーに沸くと「声を出

高階イーグルファイターズの6年生の選手6人と保護者たち。前列左から2人目が仲丸桜誠、その後ろが母・加奈江さん、前列右端が岡敬介、その後ろが母・郁さん（埼玉県川越市の春日神社で2020年7月5日＝小林悠太撮影）

さないでください」と注意のアナウンスが流れた。

練習が再開できていないチームや保護者が出場に反対したチームもあり、参加は県内17チーム中9チームにとどまった。

高階イーグルファイターズは予選リーグを2勝1敗の2位で通過したが、8チームでの決勝トーナメントは1回戦で敗れた。目標の優勝を果たせず、涙を流す選手もいた。ただ勝敗を超えた喜びもあった。桜誠は「久しぶりに多くの人の前でプレーし、緊張したけれど、とても楽しかった」と実感を込めた。

ドッジボールは中学、高校の部活動にはない。中学生は大人とともにシニアでプレーすることになるため、小学生限りで離れる選手が大半だ。最大の目標とする全国大会は例年通りなら2021年3月下旬で、予選となる県大会は直前に開催される予定だ。ただ感染は再び拡大しており、開催できるか見通しが立たない。「感染の再拡大で体育館の使用停止や大会中止などと判断されれば、子供たちは従うしかない。ここまで我慢してきた子供たちの気持ちに寄り添い、できるだけ活動を続けたいと思います。精いっぱいドッジボールをし、いい思い出を作ってほしい」

チームの安達幸男代表（48）は願っている。

小学6年生は真剣にドッジボールと向き合う「最後の1年」になる。懸命に仲間と汗を流す桜誠と敬介の姿を、2人の母は複雑な思いで見守る。

「職場では感染者が出るのではないかという緊張感がずっと続いています。子供は友達と練習を行うことが一番の楽しみ。しっかり予防した上で、活動を続けさせてあげたい」

追記：2021年3月に全国大会は行われたが、高階イーグルファイターズは出場できなかった。1～2月で開催が検討された県大会が中止となり、埼玉県代表には2020年11月の埼玉県選手権大会の優勝チームが選ばれ、同大会準優勝だった高階イーグルファイターズは選ばれなかった。しかし、2021年3月に行われた県内大会で優勝し、有終の美を飾った。

日本大学アメリカンフットボール部
監督・橋詰 功

「青い炎」を宿す指揮官のもと、名門復活へ向けて本格始動

東京都世田谷区の住宅街に日本大学アメリカンフットボール部のグラウンドはある。容赦なく西日が照りつけた8月2日夕刻、今季初めての実戦練習が繰り広げられていた。目深にかぶったキャップの奥から約150人の部員の動きを静かに追うのが橋詰功監督（57）だ。「悪質タックル問題」からのチーム再建という重い使命を託されているが、闘志をむき出しにすることはない。人呼んで「青い炎を宿した情熱家」だ。

新型コロナウイルスの感染拡大で春季オープン戦は中止となり、活動休止も挟んで、ようやく迎えた実戦練習。関東学生の秋季リーグ戦は10月中旬に開幕予定で、勇み立つ屈強な選手たちから威勢のいい声が飛び交う。

「オフェンス、絶対（タッチダウン）取るぞ」

「そんなん（タックル）で倒れんなよ」

キレのいい動きを見せる守備ラインの伊東慧太《けいた》主将（21）＝スポーツ科学部4年＝も「（体が）当たるのはやっぱり楽しい」と笑顔を見せる。

その熱気がグラウンド脇の指揮官の物静かさを一段と際立たせる。

「もちろん、一言くらいは言いますけど、数台のカメラで全て撮ってるんで、後でねちねちと

新体制となって初の対外試合に臨む橋詰功監督（横浜スタジアムで2018年11月17日＝藤井達也撮影）

チェックします」

京都府出身、染みついた関西弁でそう話すと、軽く笑う。

不死鳥こと「フェニックス」を愛称とする名門チームをよみがえらせるために自ら名乗り出た。２０１８年５月の関西学院大学との定期戦で起きた「悪質タックル問題」で前監督が辞任。大学が部の再建を担う指導者を公募すると、迷わず手を挙げた。人間性を育てる指導哲学をリポート用紙につづり、外部有識者による選考委員会から選ばれた。

米国留学で学んだ指導哲学

選手として全国に名をとどろかせたわけではない。レシーバーとして現役時代を送った立命館大学は今でこそ全国屈指の強豪だが、当時はまだ強化に本腰を入れ始めたころだった。卒業後も週末にクラブチームで活動を続けたが、軸足は仕事に置き、電機メーカーの営業職として奔走した。

転機は1997年だった。仕事の合間に教えに行っていた母校の立命大の当時の監督、平井英嗣《ひでつぐ》さん（72）から専任コーチにならないかと誘われた。ラン攻撃を主体に1994年、「毎日甲子園ボウル」を初制覇して学生日本一になるなど力を伸ばしていたが、パス攻撃の強化を迫られていた。一念発起、立命大の職員に転身し、本格的に指導者の道を歩み始めた。

平井さんはその時点で橋詰氏に指導者としての才を見いだしていたが、それを確信したのは、1998年に2度目の甲子園ボウル制覇を遂げた翌1999年のことだった。チームはパスを攻撃の軸に据える方針を決め、快進撃を続けていた。だが宿敵の関西学院大学戦で、平井さんはチーム状況を踏まえてラン攻撃主体に戻した。結果は敗退。重要局面での方針転換に橋詰氏はかみついた。

「1年間、パスでやろうと決めたじゃないですか。これでは何のためにやってきたか分からないし、教えてきた学生たちに申し訳が立たない」

その情熱とこだわりに指導者としての将来性を見た平井さんは翌年の2000年、米国の強豪オクラホマ大学に橋詰氏を1年間、コーチ留学させた。英語は得意でなかった橋詰氏だが、本場の技術、理論、指導哲学を吸収した。「全ての指導の原点をあの1年間に学んだ」と思い起こす。

帰国後に編み出したのが大学名にちなんで名付けられた新戦術「リッツガン」だった。パスを主体とした攻撃隊形「ショットガン」にランを取り入れた戦術で、2002年から甲子園ボウルで3連覇、その間、社会人代表と競う「ライスボウル」も2連覇する原動力となった。

時間を惜しまず、論理的に考察し、冷静に選手に説明して落とし込む。妻の琴美さん（47）は「連日、帰宅は夜の12時近くで、家族でテレビを見ている時もパソコンと向き合って戦術を練っていました」と振り返る。

そんな指導者としての成長を間近で見ていた平井さんの橋詰評が「青い炎」だ。

「一見物静かだが、情熱家。赤い炎ではなく、いわば青い炎を持っている」

赤い炎の方が明るいが、温度が高いのは青い炎の方だ。つまり表には出さないが心の中でより熱く燃えているというのが例えの真意だ。渡米前に平井さんにかみついた時の橋詰氏は、感情的に赤く燃えていたといえるだろう。だが論理的に突き詰め、進化させていく橋詰氏は、いつしか静かな「青い炎」となった。

熱弁4分に込められた名門復活への覚悟

その橋詰氏が選んだのが新たな挑戦だった。立命大の付属高校のコーチも歴任し、「また一からチームを築き上げたい」と新天地を求めていた時に、地に落ちた不死鳥を見つけた。甲子園ボウル21回の優勝を誇るチームで明るみに出た独裁的、高圧的な指導方法は世間の批判を浴びていた。その渦の中に飛び込もうとする橋詰氏に、平井さんは「そんなリスクを取らなくてもいいんじゃないか」と声をかけた。だが橋詰氏の熱意は揺るがなかった。

２０１８年9月に着任すると、量を追求した日大伝統の練習に米国流の合理性を持ち込んだ。監督、コーチが納得するまで、時には深夜まで続いていた長時間の練習を2時間半に短縮した。

処分後初の対外試合で選手に指示を出す橋詰功監督（中央）（横浜スタジアムで2018年11月17日＝藤井達也撮影）

技術指導も論理的だ。エースレシーバーの林裕嗣《ひろつぐ》（22）＝文理学部4年＝は言う。

「ランプレーで相手をブロックする時に、つかむのではなく（自身の腕を張って）押し続けろと言われました。相手をコントロールしようとすると、つかみがちになる。だけど、実践してみると、つかまれるより、押される方が、相手にしてみれば嫌だと気づかされたのです」

また教える際の表現も独特だという。

「パスキャッチは普通、『最後までボールを見ろ』と教えると思います。でも『触覚でなく視覚で捕る』と説明されると、なるほどその通りだと納得させられるのです」

チームは2018年シーズンは公式戦出場停止となったが、再起の道を歩み、処分が解けた2019年は降格先の1部下位リーグで全勝優勝し、上位リーグへ返り咲いた。そこでの戦いが始まる。

新型コロナの影響で約1カ月半ずれ込んだとはいえ、

橋詰功監督（中央）は練習後に選手たちに語りかける（東京都世田谷区の日本大学グラウンドで2020年8月2日＝松本晃撮影）

2020年10月中旬の開幕予定で準備が進む。感染拡大は続いており、先行きは不透明だが、社会では医療従事者らが懸命に働いている。その活動があって初めて自分たちがプレーの場にたどり着ける。

そんな思いを巡らせた時、橋詰氏の心の炎が珍しく感情に揺れた。8月2日の練習後のハドル（円陣）で、翌日から1週間のオフに入る選手たちに感染予防を含めた責任ある行動、心構えを説いた時だった。

「今年は自動的にフィールドに立ててるんとちゃうねん。ちゃんと自分らのチームとして運営して、できあがったチームにならないと、フィールドに立つことさえできひん。やりたいこともあるやろうけど、我々が日本一になるための形のリラックスをしよう。練習を再開して1、2週間かけてもう一回元に戻そうとしていたら、間に合わないかもしれん。いつでもフルスロットル（全速力）にできるように準備しとかなあかん」

選手に自立、自律を求めた4分間の熱弁に名門復活への覚悟が見えた。

第3章 2020年秋

手探りの中、試合ができる喜びに 改めて勝利を誓う

摂南大学との交流試合でプレーする天理大学ラグビー部の選手たち（奥）
（奈良県天理市の天理親里競技場で2020年10月18日＝久保玲撮影）

大会中止、それでもオールをこぐ——伊豆大島、カッター部13人の挑戦

東京都立大島海洋国際高校端艇部
中村龍鵬

人口7000人余りの伊豆大島（東京都大島町）で、島内の防災無線で結果が伝えられるほど親しまれる部活動がある。東京都立大島海洋国際高校の端艇（カッター）部だ。もとは救命艇である全長9メートルの頑丈なカッター（編集部注：大型の手こぎボート）を、海洋の波風にさらされながらこぎ進める過酷なレースは、見る者を奮い立たせる。今季は新型コロナウイルスという見えない障壁も立ちはだかるが、2、3年生の男女13人の部員が心ひとつにする。部長の3年、中村龍鵬《たつゆき》（17）は生まれ育った島を勇気づけるためにも突き進む。

カッターが波浮港をさっそうと滑る姿に憧れ

都心から高速船で2時間弱、島の南端に同校はある。その近く、川端康成の小説『伊豆の踊子』でも取り上げられた郷愁感漂う波浮港《はぶみなと》が部の活動拠点だ。柔らかくなった西日が水面にきらめいた9月1日、威勢のいい声が響いた。

「1、2、3……」

号令に合わせてオールがしぶきをあげ、カッターが進む。コロナによる活動休止を挟み、半年ぶりの港での練習。

力強くオールを手にする中村龍鵬（手前）ら端艇部の部員たち（東京都大島町で2020年9月1日＝倉沢仁志撮影）

「やっぱり、カッターの上は気持ちいい。久々にみんなでこぐことができてうれしかった」

心地いい疲れに包まれた中村はその日、帰宅した途端に眠ってしまったという。

1946年創立の同校に端艇部が部活動として発足した時期は定かではないという。ただ男女区別なく、2列に並んだ12人のこぎ手それぞれが長さ4メートル、重さ11キロのオールを扱い、かじを取る艇長、号令をかける艇指揮を含めた定員14人で臨むカッターは水産・海洋教育の基礎訓練として、授業で取り入れられてきた。

2006年に赴任し、部の顧問に就いた西山大介教諭（42）が強化に力を入れ、「海の甲子園」と呼ばれる全国水産・海洋高校カッターレース大会の上位進出の常連校になった。仙台市出身で競技経験のなかった西山教諭だが「マイナー競技がゆえにこぎ方のフォームなど技術に正解がない。研究のしがいがある」と大学を訪れて教えを請うたり、自身の手の皮がむけるまでこいで試したりして道を切り開いてきた。

部のカッターが波浮港をさっそうと滑る姿を憧れのまなざしで見つめていたのが幼いころの中村だ。自宅から自転車で15分。泳いだり、魚釣りをしたり、港は遊び場だった。

中学では野球部だったが、端艇部に入るため大島海洋国際高に進むことを決めた。5人兄弟の四男。一家で誰もこの競技に縁はなかったが、決断すれば突き進むのが性分。母・美幸さん（47）いわく「自分が納得しないと気が済まない子」。消防士の父・幸正さん（46）は「やりたいことをやればいい」と応援してくれた。

「もう一度、全国優勝させる」

1年の時、同校はついに全国大会で初優勝した。3艇ずつ1000メートルの順位を争うトーナメント戦を勝ち抜き、代表21校の頂点に立った。中村はメンバー入りできなかったが、先輩たちがまぶしかった。練習に一層、力を入れ、2年時には主力メンバーになった。

だが連覇を懸けた2019年の全国大会はアクシデントに見舞われた。準決勝のレース中に仲間の足場が破損して踏ん張れなくなった。結果は4位。

「だいぶ泣きました。結果のふがいなさと、この大会を最後に先輩たちと部活ができなくなる寂しさで……」

3年生が引退すると、部長に立候補した。「最終学年で、自分が引っ張ってもう一度、全国優勝させる」との決意だった。練習では常に先頭を走った。スタミナや筋力をつけるため日々の食事量や栄養バランスをコントロールし、167センチと小柄ながら強じんな肉体を作り上げてきた。部員の前では一切、弱音を吐かなかった。副部長として中村を支える3年の奥沢快《かい》航《こう》(17)は「中村への部員の信頼は相当に厚い」と語る。

新型コロナに見舞われたのは、そんな時だった。カッターに乗り込んでの練習は風の冷たかった2月13日を最後に遠ざかり、3月から休校になると、部員は離れ離れになった。

同校は全校生徒215人のうち9割が島外出身で、普段は寮生活を送る。端艇部も部員13人中9人が島外出身で、休校と同時に一斉に帰省した。寮生活は感染防止に細心の注意を払う必要があるため休校期間は長引いた。7月に一時、人数を絞って登校期間が設定されたり、8月に島外の生徒を都心の施設に集めて授業が実施されたりしたが、全生徒が島に戻っての本格的再開は9月にずれ込んだ。1年生は学校生活に慣れるのを待って部活動を始めることになった。

その間、部員は各自で筋力トレーニングこそ続けていたが、5月には目標としていた7月の全国大会の中止が決まった。中村は自宅でぼうぜんとした。たまに港に足を運び、船着き場でたゆたう部のカッターを眺めた。艇を目の前にしてもこげない無力さ、二度とこげなくなるのではないかという不安、もう一度こぎたいという期待。揺れる艇のようにさまざまな感情が中村の胸中で交錯した。

5月中旬から、西山教諭の発案で、島内外にいる部員をオンラインでつないで一緒にトレーニングを始めた。代替大会開催の望みがかない、9月12日に静岡県焼津市で焼津水産高校(静岡)、三谷水産高校(愛知)との3校で特別大会が開かれることになった。部員たちも胸を弾ま

部が全国制覇した2018年、優勝メンバーと一緒に写真に写る藤田隶古さん（後列左から3人目）。藤田さんは部の活動を温かく見守る支援者だ（西山大介教諭提供）

せ、授業再開に合わせて島に戻ってきた。

たとえ記録は出せなくとも、島を勇気づけたい

島内で初の感染確認となる住民5人の陽性が発表されたのは、港での練習を再開した9月1日だった。PCR検査で陰性を確かめて渡航した記者が島に到着すると、防災無線で感染を知らせ、感染者を中傷しないよう求める放送が流れていた。島で唯一の有床診療所の大島医療センターでは感染拡大時に備え、敷地内に発熱患者用のプレハブ小屋が建ち、防護服に身を包んだスタッフが対応に当たっていた。繁華街から人影が消えていた。

水産業、農業とともに観光が島の主要産業だが、書き入れ時の4月から7月の来島者は前年比7割減だった。損失は町の予算の約1割に相当する8億9000万円とも試算される。三辻利弘町長は「コロナの収束が見えないから（経済が）疲弊している。島内に息苦しさがある」と顔を曇らせる。

こんな時だからこそ、中村は島を勇気づけたいと感じている。港近くで40年以上、ガソリンスタンドを経営する藤田隶古《たいこ》さん（75）は定期的に飲料水などを差し入れしてくれた。港での練習再開にも「この半年、港から子供たちの元気な声が聞こえなくて寂しかった。少しでも島に明るい話題を届けてほしい」と期待してくれている。

9月12日のレースは3年生6人にとって集大成の舞台となる。1年生の入部が間に合わず、部員は定員14人に1人足りないため、こぎ手11人で臨むが、団結力でカバーする覚悟だ。中村は誓う。

「やるからには結果を出したいけど、10日余りの海上練習では、恐らく記録も全然出ないでしょう。それでもレースに向かって一生懸命、仲間たちと活動できる。いろいろな人たちへ恩返しのレースとしたい」

防災無線を通じて島を明るくする報告ができるよう、ひたむきにオールをこぐ。

衝突を恐れず、裏方として感染対策に全力で取り組む

東京大学アメリカンフットボール部
富永 藍、天野裕香、八柳 旭

チーム競技は対策を尽くしてもクラスター発生の危険と隣り合わせだが、そんな中、医療関

マスク、手袋をつけ、選手たちのボトルに給水する女子トレーナー。感染対策からボトルは共有せず、選手ごとに準備されている（東京大学アメリカンフットボール部提供）

係者も目を丸くする一歩進んだ取り組みを始めたチームがある。東京大学アメリカンフットボール部。その主役は「裏方」だ。

梅雨明け直前の7月下旬、「赤門」で知られる東大本郷キャンパス（東京都文京区）の「御殿下《ごてんした》グラウンド」。部は4カ月ぶりに練習を再開した。3月下旬に活動自粛して以来の再会で部員たちの会話にも花が咲く。

だが背後からピシャリと声が飛んだ。

「マスクしてね」

ばつが悪そうにずらしたマスクを元に戻す部員たちを横目に「なんか私たち、口うるさいおばさんみたいだね」。声の主は、部内の感染対策の責任者に就いたトレーナーの富永藍（24）＝文学部4年＝だ。同期の同じくトレーナー、天野裕香（21）＝教育学部4年＝と苦笑いを浮かべた。

富永は新潟県出身。「やりたいことは、できる時にやらないといつかできなくなる」という行動型だ。県立新潟南高校2年の時、1年間休学して米オハイオ州に交換留学。卒業後に1年間浪人して東大に合格した。勧誘でアメフト部の魅力を熱っぽく語る先輩トレーナーの姿がまぶしく映り、自らもこの道に進んだ。

前例のない取り組みの中、強まる孤独やいらだち

部の活動は多くの「裏方」が支える。選手100人強に対し、学生スタッフの数は実に50人弱。練習・試合の運営や渉外活動を担当するマネジャー、広報活動などを担うマーケティングスタッフ、戦術分析などに取り組むスチューデントアシスタント——など役割はさまざま。そのひとつのトレーナーは選手の体調を管理し、けが人に復帰までのトレーニングメニューを提示し、万全の状態でフィールドに戻すのが役目だ。

4年生のトレーナーは富永と天野の2人だけで責任は重大だが、選手と1対1で対話できるポジションに富永はやりがいを感じている。チームは関東大学最上位リーグ「トップ8」に昇格した前季、2勝5敗の6位と健闘。今季にさらなる飛躍を懸けて、富永も「ラストイヤー、2人で頑張ろう」と天野と誓い合っていた。

そんな時にコロナが襲来した。政府の緊急事態宣言の解除を受けて6月以降、同じトップ8に所属する強豪私学は次々と練習を再開させたが、東大は大学当局が慎重だった。7月に入り、大学は活動再開に向け、学内運動部それぞれに感染対策の代表者「COVID—19管理者」を1人ずつ置く制度を始めた。富永は立候補し、重責を引き受けた。

だが、どこまで対策を徹底すればいいのか。前例のない取り組みの中で富永は自身の心がささくれ立っていくのを感じていた。人と食事して会話するのが大好きだが、管理者の立場上「後ろ指をさされる行動をしてはいけない」と控えた。「ここまで考え込んでいるのは自分だけかもしれない。チームメートは当事者意識を持って予防してくれているだろうか……」

そう思うと孤独感も強まった。

しばらくし、富永の感情が爆発した。活動再開に向け、LINEのグループトークで、部員間でメッセージのやり取りをしていた時だった。練習場所を巡る何気ないやり取りで、主将の唐松星悦（21）が打った「面倒くさい」の文字が妙に引っかかった。1対1のトークに移り、「なんで主将という立場でそういうことを言うの⁉ 下級生がその発言を聞いたらどう思うか分からないの⁉ 日本一、目指す気あるの⁉」と怒りをそのままぶつけた。もちろん、それまで向き合ってきて、唐松が誰よりも真剣に「日本一」を追い求めているのは知っていた。だが感情があふれ、涙があふれた。

天野に電話で相談すると、冷静に諭された。

「唐松は富永の思いを全て理解しきれていないかもしれないね。でもそれはきっと逆も同じ。お互いに、想像力が足りていないんだよ」

富永と唐松は話し合いの場を設け「思いをため込むのはよくない」と互いに謝り、仲直りした。唐松が富永のことを「（感染対策の）リーダーシップを求められ、妥協できない立場」だと十分に理解していることも伝わってきた。唐松だけではない。富永のチームを思う真剣さはとっくに仲間に届いていた。

医療系企業と画期的提携を果たす

部は7月下旬の活動再開と同時に医療サービス会社「キャピタルメディカ」（東京都港区）とアドバイザリー契約を結んだ。同社に所属する医師が部の感染対策をサポートし、消毒液などの衛生用品を提供する。感染者が発生した場合の病床の確保、適切な検査受診対応などを確約するもので、学生の部活動としては画期的な提携となった。

さらに学内のラグビー部、サッカー部、ラクロス部と連携し、グラウンド・部室の使用時のルールや感染者が発生した時の対応などを定めた独自の活動再開ガイドライン（指針）も策定した。8月28日にはキャピタルメディカの医師や看護師ら医療スタッフが部内の感染対策状況を視察。不足点はないか、神経質になりすぎている点はないかという目線で状況確認を受け、「非常によくできている」とお墨付きを得た。キャピタルメディカ執行役員も務める部の三沢英生監督（47）は「安全のためにできることは全部やる」と語る。

練習再開直後は高温多湿の環境で足がつったり、熱中症のような症状を見せたりする選手もいたが、8月末にはようやく指針に従って接触を伴う練習も再開した。チームは確かに歩みを進めている。

富永も今は孤独感を抱いてはいない。

東京大学アメフト部の新型コロナ対策の先頭に立つ富永藍（右端）と天野裕香（左端）、八柳旭（中央）。笑顔で選手たちを後押しする（東京大学アメリカンフットボール部提供）

「トレーナーの後輩たちにも、他のスタッフにも支えてもらっている。うちの組織力は本当にすごいんだと思う」と胸を張る。ともに感染対策に心を配り、渉外活動で先頭に立つ主務の八柳旭《やつやなぎあさひ》（21）＝文学部4年＝は「『日本一のチーム』を目指すなら、しかるべき態度を示し続けないといけない」と背筋を伸ばす。

　自粛期間中、三沢監督が部員全員に言い聞かせ続けてきた言葉がある。

「歴史上、天才は時代の節目に生まれてきた。みんな、危機的状況にこそワクワクしようぜ」

　ニュートンはペストが欧州で大流行していた時、アインシュタインは欧州が戦火に包まれようとしていた中で時代の表舞台に登場してきた。逆境での創意工夫が能力を引き出すとのプラス思考だ。つまりは結束して試行錯誤をすれば、コロナ禍の中でのスポーツのあり方の「発明家」になりうる。

　2020年の全日本大学選手権大会は中止になり、その決勝にあたる「毎日甲子園ボウル」は、東西大学

郵 便 は が き

料金受取人払郵便

麹町局承認

1763

差出有効期間
2022年1月31日
まで

切手はいりません

102-8790

209

（受取人）
東京都千代田区
九段南 1-6-17

毎日新聞出版

営業本部　営業部行

ふりがな	
お 名 前	
郵便番号	
ご 住 所	
電話番号	（　　　　）
メールアドレス	

ご購入いただきありがとうございます。

必要事項をご記入のうえ、ご投函ください。皆様からお預かりした個人情報は、小社の今後の出版活動の参考にさせていただきます。それ以外の目的で利用することはありません。

毎日新聞出版　愛読者カード

本書のタイトル「　　　　　　　　　　　　」

●この本を何でお知りになりましたか。

1. 書店店頭で　　　　　2. ネット書店で

3. 広告を見て（新聞／雑誌名　　　　　　　　　　　　）

4. 書評を見て（新聞／雑誌名　　　　　　　　　　　　）

5. 人にすすめられて　　6. テレビ／ラジオで（　　　　　）

7. その他（　　　　　　　　　　　　　　　　　　　　）

●どこでご購入されましたか。

●ご感想・ご意見など。

上記のご感想・ご意見を宣伝に使わせてくださいますか？

1. 可　　　2. 不可　　　3. 匿名なら可

職業	性別 男　女	年齢 歳	ご協力、ありがとうございました

王座決定戦の位置付けで関西と関東の代表が戦う。その関東代表を懸けた関東リーグは10月10日に開幕する。関東を制し、甲子園ボウルも勝つ。その目標は揺らがない。コロナ対策を通じ裏方も含めて総勢約150人、一体感はさらに強固なものとなった。

両親への感謝の思いを胸に、日本一奪還を誓う

明治大学ラグビー部
梅川太我

活動を再開した明治大学ラグビー部で、後押ししてくれる父、亡き母への感謝の思いを胸に奮闘する部員がいる。SHでレギュラーを目指す梅川太我《たいが》(22)=経営学部4年。162センチと小柄だが、判断よく重戦車FWを操り、機敏な動きと素早いパスで大学日本一奪還へ貢献を誓う。

土砂降りの雨が打ちつけた9月6日、明大は本拠地の八幡山グラウンド(東京都世田谷区)に関東学院大学を招き、実戦形式の合同練習に臨んでいた。新型コロナウイルスの影響でチーム作りが遅れ、他校と体をぶつけ合うのは今季初めて。その中で屈強な相手FWに果敢にタックルしていたのが梅川だった。引きずられながらも食らいついて突破を阻止。「(防御)ライン上げろ」「気持ち入れていこう」と指示を飛ばし、FWとバックスを統率した。

練習で機敏にパスを出すSH梅川太我（東京都世田谷区で2020年9月4日＝谷口拓未撮影）

2年以上、主力のAチームでの公式戦出場から遠ざかっているが、努力を積み、力を伸ばし、最終学年を迎えた。「両親のためにも、紫紺（のユニホーム）を諦めるわけにはいかない。試合に出てやる、という気持ちは絶対に切らさない」と力を込める。

「花園で活躍する」母の仏前に誓う

大阪市東淀川区出身。両親の勧めで小学2年の時にラグビーを始めた。競技経験のない父・聡《あきら》さん（51）と毎晩、自宅近くの公園でパス練習を繰り返し、午後10時を回ることも珍しくなかった。

「もうえんちゃう？」と迎えに来てくれるのが、母・恵美さんだった。恵美さんは明るい性格で、試合があれば応援に駆けつけてくれた。

「母さんはラグビーが大好き。いつも励まし続けてくれた」と梅川は振り返る。

そんな両親の後押しを受け、地元中学のラグビー部では全国大会で3位に入り、大阪府の選抜チームで主将も務めた。卒業後、強豪の石見智翠館高校（島根）に進学した。

全国高校大会の会場の東大阪市花園ラグビー場での活躍を心待ちにしていた恵美さんだったが、梅川が高校1年だった2014年6月に44歳で急逝した。心臓の病気だった。訃報を受けて梅川は帰省したが、しばらくは心の整理がつかなかった。聡さんは失意の梅川に言った。

「つらかったらラグビーをやめてもいい」

SH梅川太我（右上）が幼いころに撮影された家族写真。右下が母・恵美さん、左上が父・聡さん、左下が妹・実久さん（本人提供）

だが梅川は答えた。

「島根に帰る。しっかり結果を出してくるから」

母の仏前で「花園で活躍する」と誓うと、高校の3年間、花園に出場。2年生で4強に入り、主将を務めた3年生でも8強入りした。

活躍が目に留まり、明大に勧誘された。だが「父さんが大変な思いや寂しい思いをするのでは」とためらった。電車の車両のラッピングなどを手掛ける会社を1人で営む父の苦労も知っていた。悩む梅川に聡さんは告げた。

「レベルの高いところでプレーした方が得るものは多い。仕事でお金を稼いで、命懸けでお前を育てる。だからお前も結果を出していかなあかん。一緒に頑張ろう」

梅川は上京を決意した。

逆風を恐れず、今を積み重ねる

全国大学選手権大会で歴代2位の優勝13回を誇る明大の部内のレギュラー争いは激しかった。全国から有望選手が集まり、現在の部員は94人。梅川が最後にAチームで公式戦に出場したのは2018年5月、奈良県で行われた天理大学との招待試合だ。聡さんが見守る中、先発出場したが、気合が空回りしてボールが手につかず、試合にも敗れた。「大事なチャンスを生かせなかった。ミスを恐れるあまり、プレーに波があった」と振り返る。

巻き返しを期した3年時は恥骨結合炎などのけがに悩まされ、レギュラー争いに絡めなかった。だからこそ、傷が癒えた今季に懸ける思いは強い。SHでは飯沼蓮(20)=経営学部3年=が2019年から出場しており、梅川は追う立場だ。新型コロナで4月から活動休止に追い込まれたが、個人練習に励んだ。

全体練習が再開されたのは7月中旬だった。実戦不足は逆風で「試合がないのは痛いが、毎日を100%の力で過ごせば必ずチャンスはくる。一日も無駄にできない」と梅川は前向きに語る。具体的な改善点や目標をノートに書き出してから練習に臨み、夜には自己評価で成果を見直す。練習の質は向上し、状態も上向いている。

併せて、最上級生として、下級生への目配りも忘れない。約3カ月続いた個人練習の期間に「モチベーションが保てない」と下級生から相談を受ければ、「弱点を克服する努力の期間にしたらいいんじゃないかな」と助言した。明大で自身もSHとして活躍した田中澄憲監督（44）は「梅川は常に前向きで、上にはい上がろうと、いかなる状況でも一生懸命。大切な存在だ。社会に出てからも評価されるだろう」と信頼を置く。

梅川と毎日のように連絡を取り合う聡さんも「嫁は『太我はどう成長するかな』と楽しみにしていた。我が息子ながら尊敬している」と成長を頼もしく見守る。聡さんが「母さんが今も上から頑張っているところを見ているぞ」と励ますと、梅川は「分かっている」とうなずく。

関東大学対抗戦は10月4日に開幕する。

「ラグビーを続けているのは両親のためでもある。助けてもらってばかりだったから、最後は試合に出て、少しは恩返しがしたい」

梅川はそう固く誓う。

銀盤の大先輩に背中を押され、名門復活への一歩を踏み出す

駒澤大学付属苫小牧高校
スピードスケート部
清水彩花

静寂の中で荒々しい息遣いが漏れていた。

9月初旬、駒澤大学付属苫小牧《とまこまい》高校（北海道苫小牧市）スピードスケート部の室内練習場。主将の3年生、清水彩花（17）はフィットネスバイクを懸命にこいでいた。2021年1月の冬季高校総合体育大会で女子500メートル制覇を目指す有望株だ。

その隣で、田畑真紀監督（45）も競うようにペダルをこぐ。同校の卒業生で冬季五輪にこれまで5回出場し、2010年バンクーバー五輪では女子団体追い抜きで銀メダルを獲得した。現在は同校で事務職員として働きながら部を指導し、自身も現役を続ける。

トレーニングを終えると、2人は床に倒れ込んだ。室内は部員と監督の立場を超えた、真剣勝負の空気に包まれていた。

新型コロナウイルスの感染拡大で、夏季高校総体や夏の全国高校野球選手権大会などが相次いで中止になった。冬季競技は今のところ、推移を見守りながら大会開催に向かっている。部は10月10日から始まった北海道帯広市での競技会を今季初戦に位置づける。

室内練習場近くのグラウンドでは、2004年と2005年に夏の甲子園を連覇した野球部が新チームを発足させて練習していた。

フィットネスバイクで心肺機能を高める清水彩花（左）と田畑真紀監督（北海道苫小牧市の駒澤大学付属苫小牧高校で2020年9月9日＝岩壁峻撮影）

「最後の大会を思うような形で迎えられなかった同級生もいる。その分まで頑張りたい」

清水は言葉を紡いだ。

3年生部員は清水の他、女子の中長距離種目を専門とする尾谷琴音《ことね》（17）と大野珠梨《しゅり》（18）の合わせて3人。2018年4月に監督に就任した田畑氏と同時に入学してきた部員たちだ。3人は田畑氏を「真紀さん」と呼ぶ。田畑氏からの希望でもあったが、特に田畑氏と同じ苫小牧市の東側、むかわ町出身の清水は幼いころから「真紀ちゃん」と慕ってきた。

清水は2学年上の姉・悠希さん（19）の影響で3歳のころから氷に乗り始めた。小学1年で、田畑氏もかつて在籍した地元の少年団に入って本格的に競技を始めた。当初から短距離が得意。地区内の競技会では小学2、3年の部でそれぞれマークした女子500メートルのタイムが、現在も大会記録として残る。

背中を押してくれたその手が「宝物」

清水には忘れられない記憶がある。田畑氏は毎年正月に帰省して、少年団の子供たちに交じって自主練習に励んでいた。清水が小学6年のころ、中学生のペースについていけない清水の後ろに田畑氏がそっとついた。

「そうしたら、私が離されないように真紀さんが後ろから（背中を）押してくれたんです」

何気ない、ほんの一瞬の出来事。それでも、清水は、その感触を「宝物」にしてきた。

リンクで滑走する清水彩花（手前）。後方は田畑真紀監督（北海道安平町の町スポーツセンターで2020年9月9日＝岩壁峻撮影）

ただ田畑氏はそのころから清水の才能を見抜いていた。「滑る時の体の使い方が上手だった。『高いレベルを狙える』と期待して見ていました」と述懐する。清水は中学3年時に全国中学校大会で500メートル総合2位（2回の合計タイム）となるなど、順調に成長した。道内の別の高校からも誘われたが、地元で姉も通っていた駒大苫小牧高で競技を続けることにした。

田畑氏との巡り合わせは偶然だった。田畑氏の就任が正式決定したのは、清水が入学する直前の2018年3月。「びっくりしたけれど、ずっと一緒に練習できると思うとうれしかった」と清水は振り返る。

田畑氏は練習で男子部員に交じっても、まだまだ引けを取らずに集団の先頭を滑走する。清水は「真紀さんを見ていると、頑張れるし、負けたくないと思う」と実感を込める。一方の田畑氏も「私がそばにいれば、みんな諦めることができない。だから私も変な滑りができない」と相乗効果を語る。

信頼で結ばれた師弟を襲った思わぬ落とし穴

一方で、清水と田畑氏が互いに抱く期待と信頼の大きさが落とし穴となったこともあった。清水は2年生にして優勝を目指した前季の高校総体女子500メートルで、7位にとどまった。「体が思うように動かない感じがした」。清水は重圧に押しつぶされていた。田畑氏も「『彩花ならできる』と本人任せにしていた」と省みる。

田畑氏は高校3年だった1993年の全日本選手権で総合3位に入ってから20年以上にわたり、第一線で競技を続ける。「直前に周囲に助言されるのは好きではなかった」という自身の経験から、清水にも「何も考えずにレースに臨むんだよ」と声をかける程度で静かに見守ってきた。だが、前季の総体後に清水から投げられた相談は予想だにしないものだった。

「『何も考えないで』と言われると本当に頭が真っ白になっちゃうんです」

田畑氏はハッと気づかされたという。

「これまで周囲のトップ選手ばかりを見続けていたことで、高いレベルで接しすぎていたのです」

2020年2月に行われた前季最終戦の全国高校選抜競技会。500メートルのレース前に田畑氏は清水に「コーナーの出口は力を抜いて」と伝えた。結果は自己ベストの40秒85で2位。清水は「アドバイスの意味を自分でかみ砕くと、落ち着いて滑ることができた」という。

清水が再浮上のきっかけをつかんだのと時を同じくして、新型コロナウイルスが猛威を振るった。学校は5月末まで1カ月半ほど休校になった。日本医療大学の北海道恵庭市のキャンパスに通う悠希さんと高校近くで2人暮らしをする清水も、むかわ町の実家に戻った。

「今まで練習をしない日はなかった」という清水にとって、自宅学習をしても持て余す時間の有効活用は、やはり練習だった。苦手な長距離走に取り組み、実家周辺の坂を上り下りしながら1日最長で10キロを走り込んだ。

授業は6月に再開し、清水も実家を離れて日常生活に戻った。部活動は再開され、実家からも近い安平町のリンクも使えるようになり、父・斉《ひとし》さん（56）も時に駆けつける。清水は卒業後、道外の大学で競技を続ける予定で、斉さんは「もっと遠く離れてしまう」と早くも寂しさを募らせる。

悲願の高校総体Vを目指し突き進む

今季は、田畑氏にとっても2022年北京冬季五輪に向けた正念場になる。今季開幕戦となる10月の全日本距離別選手権は、前季の持ちタイムなどが要件を満たさず、出場できない。指導者、選手の両立の限界も頭をよぎるが、田畑氏は「体力は維持できるし、技術をもっと磨きながら部員に理論を伝えたい」と力説する。

田畑氏の恩師であり、総監督時代も含め駒大苫小牧高を39年間指導し、２０２０年３月に定年退職した中野明彦さん（61）も理解を示す。自身は20代前半で実業団選手を引退し、高校の事務職員として指導者に転じたが、田畑氏は現役にこだわる。「（選手兼監督の）いい面、悪い面は全部分かっていて、今はまだ選手を続けた方が部員にとってもプラスになると考えているのでしょう」と心中を察する。

名門・駒大苫小牧高も、21回を数える高校総体での女子総合優勝は２０１２年を最後に遠のいている。２００９年に国際仕様の屋内リンク「明治北海道十勝オーバル」が帯広市に完成してからは十勝地区の学校に押される。中野さんは田畑氏を側面支援するため、２０２０年秋から苫小牧市内で未就学児から中学生を対象としたスケート教室を立ち上げ、育成に励む。「裾野が広がり、いずれ駒大苫小牧高に進んでほしい」と未来図を描く。

清水が高校総体の女子５００メートルで優勝すれば、同校の同種目制覇は、２０１８年平昌冬季五輪代表だった押切美沙紀（28）＝富士急＝が２０１０年と２０１１年に連覇して以来となる。「１年のうち半分以上はトレーニングでつらい思いをしているが、記録が出た時、たった何回か味わう『うれしい』という気持ちが忘れられない」

尽きぬ向上心が清水を突き動かす。

コロナ禍に見舞われた最終学年は思うに任せない日々だが、心が折れそうな時だって、きっと大丈夫。あの日のように「真紀さん」が背中を押してくれる。

追記：清水は2021年1月の高校総体で、女子500メートル9位だった。同年4月に高崎健康福祉大学（群馬県高崎市）スケート部に入部した。

悔しさや無念さは川柳に込めて、異例のシーズンを駆け抜けた

大阪青山大学女子ソフトボール部
丁田紗也香

消えてゆく　うちらのラスト　返してよ
ランニング　同じ道には　もう飽きた

新型コロナウイルスに翻弄《ほんろう》される日々を川柳に残してきた女子ソフトボール部がある。目標としてきた全日本大学女子選手権大会（インカレ）が中止となった大阪青山大学（大阪府箕面市）の29人の部員たちだ。冒頭の「消えてゆく　うちらのラスト　返してよ」を詠んだのは主将の丁田《まちだ》紗也香（22）＝健康科学部4年＝だった。

丁田は大阪市に生まれ、中学からソフトボールを始めた。強打の野手として、強豪の大阪信愛学院高校（大阪市）では1年からレギュラーになった。だが2年時の冬に後輩にポジションを奪われ、代打要員に回った。「人生最大の挫折」。悔しさを晴らすために選んだ進路が、2011年創部の新興チームの大阪青山大だった。元中学教諭で40年近いソフトボールの指導歴を持つ服部イツ子監督を迎えていた。厳しい指導で知られていたが、自らの成長につながると心を決めた。

2017年春に入学し、過酷な練習を乗り越えた。2016年から3年連続でインカレ出場を遂げた主力選手たちが引退した2018年暮れ、レギュラーの座をつかんだ。だが2019年は振るわず、春と秋で関西学生リーグの1部から3部へ降格。インカレ出場も逃した。同年秋に主将に就き、巻き返しを誓っていた時に襲ったのが、新型コロナの感染拡大だった。2020年2月下旬から5月末まで大半の期間、部活動は自粛となり、大会は相次いで中止に追い込まれた。

80句の川柳に込められた葛藤

服部監督は自粛期間に入ってから、部員に毎日、メールを送らせるようにした。自主練習の内容や生活記録とともに求めたのが、1日1句の川柳だった。

「彼女らが何に悩んでいるのかを知りたかった」

五七五の17音に凝縮される心の声に耳を澄ました。丁田が詠んだ句をたどると、世相と胸中の移り変わりが表れている。

「日本中　紙がなくなり　大混乱」

最初に詠んだ句には、トイレットペーパーの買い占め騒動など真偽不明の情報に世の中が混乱している状況が描かれている。4月に政府の緊急事態宣言が出されると、切迫感がにじみ出す。

「会いたいな　みんな元気に　してるかな」

活動の再開を信じ、人との接触を避けて早朝に自宅近くの川沿いを1時間程度走り込んだ。次第に出口の見えない自粛生活に心は疲弊していく。

「ランニング　同じ道には　もう飽きた」

またひとつ、大会の中止の報が届いた5月9日、やりきれなさを詠んだ句が冒頭の「消えてゆく　うちらのラスト　返してよ」だった。

丁田が嘆きにも似た句を送信すると、12分後に服部監督から返信が届いた。

「今は諦めず焦らず、やるしかありません」

踏ん張れとのエールが伝わってきた。「もう少し頑張らないと」と気持ちを切り替え、自主練習を続けた。

詠みためた川柳が80句を超えた6月1日、待ちに待った全体練習が再開された。4年生6人全員で待ち合わせて、専用グラウンドに向かい、予定時刻前から練習を始めた。久々の仲間とのキャッチボールに自然と笑みがあふれた。

仲間からの支え、勝ち取った信頼

大阪青山大が所属する女子の関西学生リーグは1部から3部で構成される。チームは2019年に3部まで降格したが、3部でも春のリーグ戦の成績次第ではインカレ出場の可能性が残るシステムだ。しかし結局、春のリーグ戦、インカレ、秋のリーグ戦といずれも中止となった。関西学生ソフトボール連盟は救済措置として9月上旬に代替トーナメント戦を開催したが、丁田ら4年生の多くが教育実習と重なり、参加できなかった。

「最後の年だったので、もっとソフトボールがしたかった。みんなと過ごす時間が少なかったのも悲しい」

鍛錬の成果を披露する場を奪われ、無念が丁田の胸を締め付ける。

ただ自粛期間中も主将としてチームを支えてきたことを仲間たちは知っている。数日置きに部員一人ひとりに「練習できている？」「できることを一緒に頑張ろう」などとメッセージを送り続けた。こまやかな心遣いに、副将の五十嵐安奈（22）＝健康科学部4年＝は「会えない時にも仲間と心を通わせようとしていた」と語る。

2019年秋の主将選考で、人一倍練習熱心な丁田が部員間で推薦された際、服部監督はいったんその人選を突き返した。その8カ月前、丁田は試合でミスを連発し「もう帰る」と口走ったことがあった。

「『帰る』と言った選手に主将は無理。チームがつぶれる」

服部監督は丁田の精神面の弱さを容赦なく指摘したのだ。

引退試合で懸命にプレーする丁田紗也香主将（大阪府富田林市で２０２０年10月４日＝望月亮一撮影）

それでも部員たちは丁田を推した。主将に就いた丁田は感情的になった過去の過ちを戒めにし、自らを律し、嫌われ役にも回り仲間を厳しく指導するようになった。そして自粛期間中は自らの嘆きは川柳に押し込め、仲間の支え役に回っていた。

「しおれている子に上手に声をかけるようになった。（丁田を推薦した）選手たちは見る目が高い」と服部監督の信頼も勝ち取った。

「苦しさを支えられる教師になりたい」

秋の曇り空となった10月４日、丁田ら部員たちは大阪府富田林市の大阪大谷大学にいた。卒業していく４年生の花道を飾るために服部監督が同校との「引退試合」の場を設けてくれた。２０２０年、最初で最後の試合だ。

丁田は背番号10を背負い、３番・遊撃手で先発出場した。実戦のブランクや教育実習による練習不足も感じさせず、好守と励ましの声で投手をもり立てた。そ

引退試合で整列する丁田紗也香主将（左から2人目）ら大阪青山大学女子ソフトボール部の選手たち（大阪府富田林市で2020年10月4日＝望月亮一撮影）

して1点を追う五回二死三塁、同点機で現役最後の打席に立ち、高めの球を振り抜いた。だが打球は遊撃手の正面を突くゴロ。一塁にヘッドスライディングしたが間に合わなかった。

「チャンスで回ってきて絶対に打ちたかった」

試合はこのまま0―1で敗れた。

丁田は卒業後、大阪市の小学校教諭になる。

「一人ひとりにしっかり関わり、その子の苦しい部分を支えられる先生になりたい」

服部監督が家庭内に悩みを抱える部員に「ちゃんと食べている？」などと声をかけ、さりげなく寄り添う姿を目にしてきた。そんな優しさを持ち合わせた教諭が理想像だという。

「ソフトボールを10年間、最後までやり抜けてよかった」

異例のシーズンを駆け抜けた丁田の顔は晴れやかだった。

クラスター発生、相次ぐ中傷……
コロナ禍耐えた主将が誓う恩返し

天理大学ラグビー部
松岡大和

心ない言葉が胸に突き刺さった。天理大学ラグビー部は8月中旬以降、部員62人が新型コロナウイルスに集団感染した。ウェブ上には、チームを中傷する書き込みがあふれた。

「原因は寮内での鍋宴会らしい」

根も葉もないうわさがスマートフォンの画面に並ぶ。

「『なんやねん』って思った。見ないように、関わらないようにした」

168人の大所帯を率いる主将のフランカー、松岡大和（22）＝国際学部4年＝は雑音を遠ざけ、じっと耐えた。

最初の部員の感染確認は8月12日だった。判明したタイミングはちょうど練習開始前で、部員たちはグラウンドに集まっていた。突然、練習中止を告げられたが、この時は後にこれほど深刻化するとは思ってもいなかった。

体調不良を訴える部員が相次ぎ、PCR検査で次々と陽性判定が出た。活動自粛から6月11日に約2カ月半ぶりに練習を再開し、慎重に練習の強度を上げている時で、8月に入って接触プレーを解禁していた。5日後には菅平高原（長野県上田市）での合宿を控え、現地で今季初の練習試合が組まれていた。

「まさか自分の部でクラスターが発生するなんて思わなかった。いいところまで（状態が戻って）きたところで起きてしまった」

松岡は振り返る。

全部員が暮らす寮は閉鎖に追い込まれ、陽性者は病院や宿泊施設へ隔離された。陰性者も寮を出て別施設などに移った。「ほんまに練習再開できるんか」「俺たち、このまま引退しないといけないのか」――離ればなれになった部員たちの不安は募るばかりだった。

陰性だった松岡は、神戸市内の実家に戻った。家の庭でトレーニングに取り組み、オンライン通話で仲間を励ました。

「このままではチーム全体がネガティブになってしまう。『（再開を）信じてやりきろうぜ』と言い続けました」

思わぬ事態に直面した。集団感染の影響がラグビー部以外の学生にも及び、アルバイト先からの出勤停止や教育実習先の学校からの受け入れ拒否という事態が起きた。

明るさも前向きさも失わず

松岡も9月から母校の甲南高校（兵庫県芦屋市）での教育実習を控えていた。案じた恩師の甲南中学校・高校ラグビー部監督の南屋大《みなみやだい》教諭（48）から連絡が入った。松岡はチームを離れて一定期間がたっていることなど状況を説明。南屋教諭のサポートもあり、9月3日、約2週間の保健体育の教育実習のスタートを迎えられた。

放課後は同校ラグビー部の後輩たちの練習にも顔を出し、指導した。混乱の中に置かれていた松岡だが明るさも前向きさも失っていなかった。「彼は全く動じていなかった」と南屋教諭も感心したという。松岡は「中・高6年通った母校なので顔を知った先生ばかり。たくさん温かい声をかけていただいた。応援してくださる方を大事にしないといけないと思った」と語る。

松岡のラグビー人生はこの甲南中・高で始まった。それまではサッカー少年だったが、6歳上の兄に続き、同校のラグビー部に入った。

松岡の言葉を借りれば、冬の全国高校大会出場歴のない甲南高は「弱小校」。それでも「体を当て、走り、キックもする。何でもできる」とラグビーに魅せられ、トップリーグ入りを目標に練習に励んだ。

ほとんどの生徒が系列の甲南大学へ進むが、松岡は「強いチームで腕を試したい」と、より高い競技レベルを求めて強豪の天理大に入学した。

身長178センチ、体重97キロはFWとしては特別大きいわけではない。それでも、ひたむきに体を張り、大声でチームを鼓舞し、激しい競争の中で大きく飛躍していった。2年時の2018年度にはリザーブ入りし、全国準優勝も経験。3年時はレギュラーをつかみ、次第になくてはならないリーダーに成長した。

そして迎えた最終学年。春先の活動自粛に続き、集団感染で強化の山場の夏に約1カ月の活動停止に追い込まれたが、主将として気丈に振る舞ってきた。大学は9月9日に集団感染の終息を宣言。寮の部屋割りの見直しや消毒の徹底などルールを定め、翌日から練習を再開した。

摂南大学との交流試合の前に円陣を組む天理大学の選手たち（奈良県天理市の天理親里競技場で2020年10月18日＝久保玲撮影）

松岡は9月17日までの教育実習を終えて合流。9月末には、中止が検討されていた関西大学Aリーグ（1部）の短縮日程での開催が決まった。

調整遅れに不安残るも励ましを力に

リーグ戦の前哨戦として10月に開かれた交流試合。最終節の立命館大学戦で35―12の勝利を収め、関西大学、摂南大学との対戦も含めて3連勝で締めくくった。だが小松節夫監督（57）は「リーグ戦に向けて万全な準備ができたとは言い切れない。ゲームをしながら準備をしていく」と表情が険しい。

リーグ4連覇を達成した前季は7戦全勝でいずれも50得点以上を挙げる圧倒的な強さを誇った。今季も松岡ら下級生時代からの主力の多くが残り、経験値や実力では他校を上回る布陣。それでも交流試合では、自慢のスクラムが押され、ミスから得点機を逃し、反則を繰り返す場面があった。

本格的な器具を使った筋力トレーニングが長期間で

摂南大学との交流試合でタックルする松岡大和（手前）（奈良県天理市の天理親里競技場で2020年10月18日＝久保玲撮影）

きず、体重やコンディションを落とした部員も多くいる。中心選手のSH藤原忍（21）は施設での隔離生活時にボールとおもりを部屋に持ち込んで体力維持に努めたが限界があった。「体力が落ち、交流試合では自分の力が出せなかった。ミスも多く、このままでは関東勢に勝てない」と危機感をあらわにする。

留学生たちも不安と闘った。トンガ出身で副将のCTBシオサイア・フィフィタ（21）もその一人。「1人部屋になって寂しくて、苦しかった。（集団感染を）トンガの両親が心配していた。『僕は大丈夫』とメールしたら安心していました」

満足にトレーニングできない中、油ものを控えるなど栄養管理は徹底した。「いろんな人から『強くなって戻ってきてください』とのメールをもらい、励みになった」という。

関西5連覇と全国大学選手権大会の出場3枠を懸けたリーグ戦は11月7日に開幕し、天理大は初日に摂南大と対戦する。松岡は決意を口にする。

「感謝の気持ちだけでは足りないので、今年こそは日本一を勝ち取りたい。サポートしてくださった方に日本一で恩返しをしたい」

関西勢36年ぶり、チーム初の大学日本一に向けた戦いが始まる。

悲願の日本一へ王手をかけた、「鬼監督」集大成の勝利

奈良県立御所実業高校ラグビー部
監督・竹田寛行

26年連続で決勝で顔を合わせた宿敵との対決をついに制した。奈良県立橿原公苑《かしはらこうえん》陸上競技場（奈良県橿原市）で11月8日に行われた第100回全国高校ラグビー大会奈良県大会決勝で、御所実業高校が天理高校に19—14で競り勝ち、2年連続13回目の優勝を遂げた。2020年度で教員の定年を迎える竹田寛行監督（60）率いる御所実高が悲願の全国優勝へ挑戦権を手にした。

ノーサイドの笛が鳴ると、目を真っ赤にした竹田監督の胸に、大粒の涙を流した選手たちが次々と飛び込んだ。

「ほんま、ようやったな。やりきったな」

指揮官は選手たちを力強く抱きしめた。

「鬼の目にも涙です。幸せですね」

決勝戦で天理高校ラグビー部を降し、喜ぶ御所実業高校ラグビー部の選手たち（奈良県橿原市の県立橿原公苑陸上競技場で2020年11月8日＝平川義之撮影）

教員生活の集大成にふさわしい一戦だった。竹田監督が長年築き上げてきた伝統のモール攻撃が威力を発揮した。序盤は相手の速い攻撃に劣勢に立たされたが、前半終了間際、ドライビングモールからＳＨ登根大斗《だいと》（18）が飛び込み、ゴールも決まって12―14に追い上げて折り返した。

2点を追う後半7分、敵陣でのラインアウト。モールを形成した黒い固まりは力強く前進した。バックスも加わって12人で押し込み、故意に崩す反則を誘った。素早く展開し、最後はＮＯ８蓑洞功志《みのほらこうじ》（18）がインゴールに飛び込んで逆転。ゴールも決まり、19―14とした。その後も一進一退の展開で根比べが続き、5分以上にわたる相手の連続攻撃にも耐えた。「自分たちの形で点が取れ、勢いがついた」とゲーム主将を担った登根は勝因を振り返った。

「花園で先生を胴上げする」

１９８９年に監督に就任し、部員2人だった無名校を強化してきた。全国優勝6回の名門・天理高の素早く華麗なパス回しに、力を結束させるモールで対抗した。着実に地力を蓄えて今や花園準優勝4回の強豪に育て、今大会の勝利で天理高との決勝の通算成績をついに13勝13敗の五分とした。

毎年、花園切符を争う両雄。他県の監督たちが「あの2校の対戦は前評判など関係ない」と語るほど、意地と意地のぶつかり合いとなる。だからロックの平井半次郎（17）は「天理との対戦は花園よりも緊張する。吐きそうだった」と振り返る。２０１９年度から主力として大舞台を踏み、花園準優勝メンバーになった平井でもこの一戦だけは身構える。

大きな関門を乗り越えたが、部員たちはすぐに「花園で先生を胴上げする」と、初の日本一を見据えた。竹田監督は「ディフェンスにはあちこちに穴があった。まぐれは続かない。バージョンアップして花園へ行きたい」。教員生活の最終章へ。今度こそ悲願を成就すべく、聖地へ向かう。

決勝戦で勝利し、目に涙を浮かべながら選手の健闘をたたえる竹田寛行監督（奈良県橿原市の県立橿原公苑陸上競技場で２０２０年11月８日＝平川義之撮影）

「先を読む力」磨き上げ、選手の先を走る陰のランナー

東洋大学陸上競技部
三宅優太

年明けの東京箱根間往復大学駅伝競走は11月5日に開催が正式決定し、大学陸上界も活気づいてきた。名門・東洋大学陸上競技部も新型コロナウイルスの感染対策に万全を期しながら、10位と低迷した前回の箱根駅伝からの巻き返しを図る。コロナによる不確実さがつきまとう中、選手を守るために奔走するマネジャー、三宅優太（22）＝法学部4年＝の「先を読む力」が大きな支えとなっている。

大学陸上界で今季初の主要大会となった9月11～13日の新潟市での日本学生陸上競技対校選手権大会（インカレ）。「鉄紺」のユニホームをまとった東洋大の4年生がコロナ下の鬱憤《うっぷん》を晴らすように躍動した。大会初日となった11日の1万メートルでエース格、西山和弥（22）＝総合情報学部4年＝が日本選手2番手の5位と健闘し、翌12日の1万メートル競歩では東京オリンピック20キロ競歩代表の池田向希《こうき》（22）＝経済学部4年＝が大会新で優勝した。

その時、三宅は埼玉県川越市内の陸上部寮にいた。通常は必ず同行するが、感染対策で付き添い人数が制限されたためだ。だができないことを悔やむのではなく、できることがないか工夫するのが三宅の身上。駅伝シーズンへ向け、一体感を高めようと、ノートパソコンを手にした。大会に出場せず、寮のトレーニングルームで汗を流すチームメートたちに現地の中継映像

を見せて一緒に応援した。「制約がある中だからこそ、よりマネジャーの資質が問われる」と自覚する。

退部を決意、しかし思わぬ提案が

三宅は千葉県我孫子《あびこ》市に生まれ、小学5年から陸上を始めた。高校は隣の茨城県の東洋大学付属牛久高校に進んだ。無名の選手だったが、転機は高校2年。部を強化するため、千葉県船橋市立船橋高校を全国高校駅伝に復活出場させた鈴木勝男氏が新監督に就いた。練習量が増え、5人ほどいた1学年上の先輩は全員退部したが、「決めたことはやり通したい」と踏ん張り、頭角を現した。

3年時の2016年6月、県大会を突破して初めて北関東大会の5000メートルに出場した。後に大学で同期となる西山は群馬・東京農業大学第二高校から、吉川洋次(22)は栃木・那須拓陽高校から出場していた。優勝した西山からは50秒以上、4位だった吉川からも40秒以上遅れての17位だった。それでも「自分はまだ伸びしろがある。高校で終われない」と思い、「雲の上の存在」だった東洋大で箱根駅伝を目指そうと決めた。

2017年春、入部すると現実は厳しかった。今までの2倍近い30キロの走り込みなどのハードな練習で、すぐに右脚を痛めた。練習が続けられず、満足な状態で記録会に出ることすらできなかった。

一方、同期の西山と吉川は1年時から大学3大駅伝でメンバー入り。2018年正月の箱根駅伝では1区の西山が区間賞、4区の吉川が区間2位でつなぎ、往路優勝に貢献した。「復調の兆しすらない。西山らの足を引っ張っていて、完全にお荷物。レベルが違うと肌で感じました」

絶望した三宅は箱根駅伝の翌2月、酒井俊幸監督（44）に退部を相談した。すると予想外の返答があった。

「マネジャーという選択もあるぞ」

東洋大のマネジャーの鉄則は、観察力を身につけることと事前に万全な準備を行えるように先読みの力をつけること。仕事の量は膨大だ。練習前には給水やエネルギー補給のゼリーを用意し、気温に応じて用意する物も変える。合宿や大会は数カ月前から計画し、何度も確認する。大学に提出する補助金申請や活動報告の書類、新入部員への手続きの案内なども書く。選手を続けるより大変な道になると思い、マネジャー転向には気後れした。

母校の鈴木監督に相談すると「お前が後々、悔やまない選択をしろ」と言われた。やめれば、10歳から懸命に続けてきた陸上人生全てが嫌な記憶になってしまう気がした。「最後のチャンス」と決心し、2年生の6月ごろ、酒井監督にマネジャー転向を申し出た。

五輪代表を支えるという重責を担う

マネジャーになってみると、OBや企業からの来客も監督らではなく、マネジャーが窓口となって対応していることに驚いた。慣れない社会人とのやり取りに戸惑った。ただ不慣れでも目の前の仕事から逃げなかった。暑い日、練習の伴走で自転車を70キロこいでも、つらいと表情には出さなかった。酒井監督は「我慢強く、クールに淡々と仕事をこなせる」と信頼を深め、3年生の夏、ある重要な役割を三宅に託すと決めた。

三宅が所属する部の長距離部門には、箱根駅伝を目指す選手たちに加え、各学年数人ずつ競歩専門の選手もいる。2012年ロンドン五輪、2016年リオデジャネイロ五輪と2大会連続で現役大学生の五輪代表を送り出しており、部は競歩の名門でもある。

2019年10月の全日本50キロ競歩高畠大会で川野将虎（左）が優勝。レース中、マネジャーの三宅優太（右）はラップタイム測定やフォームの動画撮影に奔走していた（2019年10月27日＝小林悠太撮影）

東京五輪代表にも、いずれも現在4年の池田と川野将虎《まさとら》（22）＝総合情報学部＝が選ばれている。競歩は4時間ほど歩き続ける練習もあり、給水の頻度も長距離走より高く、サポートに忍耐強さが求められる。

酒井監督が三宅に託した重要な役割とは、競歩陣のサポートだった。3年の夏から三宅は長距離と兼任で競歩も担当することになった。最初は独特な競技用語に戸惑ったが、「池田と川野はチーム内で一番努力している」と懸命に支えた。

池田は驚いた。合宿の手配や給水の準備などの状況を確認すると、三宅は決まって「もうやってあるよ」と返してくる。

三宅の先を読む力に後押しされ、2019年10月の全日本50キロ競歩高畠大会で川野が日本新記録で優勝し、50キロ競歩の東京五輪代表にまず決定。池田は2020年3月の全日本競歩能美大会を制し、20キロ競歩代表に決まった。

「マネジャーが目立たないことが一番いい」

不動産会社から就職の内定を得て、陸上に携わるのは大学までと決めた三宅にとって「最後の1年」。五輪直前まで池田と川野のサポートを行い、五輪後はそのまま長距離の合宿に入る予定で、ハードでも充実した日々を想像していた。

そんな時、コロナの感染拡大で、3月24日に東京五輪の1年延期が決定。五輪延期が決まった直後、三宅は池田から「これからどうすればいいいんだろう。モチベーション（維持）が難しい」と打ち明けられた。それでも翌年夏の開催を信じて練習を続ける池田を見て、三宅は自らも雑念を振り払った。

実家が近いこともあり、4月上旬まで寮に残った三宅は、監督と各部員の間の意思疎通を促すため、LINEの機能を活用して練習の内容や感想、動画を全員で共有する仕組みを作った。帰省後もオンラインミーティングで、意識的に下級生に声をかけて、練習だけでなく学業面で

チームメートのため、給水の準備に取りかかる三宅優太。気温などコンディションに合わせて用意する物を変えるなど細かい気遣いを忘れない（東洋大学提供）

も支障を来していないかフォローした。

学生3大駅伝のひとつ目、10月の出雲全日本大学選抜駅伝は中止となった。感染状況は日に日に変化し、不確定要素が多い中、ここでも三宅の先を読む力が本領を発揮する。例えば、大会時の宿泊先は例年、大会本部が用意するが、コロナ下ではいつどうなるか分からず、念のため自分たちで先に確保してリスクを回避している。「当たり前が当たり前でない。例年通り動いていると手遅れになる」と三宅は考えている。

チーム内で感染者が出れば、活動が制限され、最悪の場合は大会に出られなくなる。最大の課題は感染対策だ。密を避ける目的で練習のグループを細かく分けるため、給水やタイム計測で付き添うマネジャーの拘束時間は長くなる。寮内の食堂や風呂など共用スペースの利用時間を細かく割り振ることにも心を砕く。「マネジャーの労力は増えているが、就職活動を経験して仕事のスピードが上がり、よく対応してくれている」と酒井監督は感謝する。

前回、2020年の箱根駅伝では11年続いていた3位以内が途切れ、10位に甘んじた。今季の駅伝初戦となった11月1日の全日本大学駅伝では優勝争いに絡めず、6位とほろ苦い結果だった。三宅は集大成の箱根駅伝でのリベンジを誓う。

「やるべきことをやるだけ。ミスなく作業を進め、マネジャーが目立たないことが一番いい。それでチームの結果が出れば、報われます」

縁の下でチームを支える、欠かせぬ存在となっている。

晩秋も続く新入生歓迎活動、未来に種をまく挑戦者たち

東京大学アメリカンフットボール部
竹田 駆

新型コロナウイルスは新入生歓迎活動（新歓）にも影を落とした。東京大学アメリカンフットボール部も新入部員獲得に苦戦しており、秋深まる今も勧誘を続けている。

「もっとチームを強くするために、後輩たちに一人でも多くの部員を残したい」

奔走するのは、リクルーティングリーダーの竹田駆《かける》（22）＝農学部4年＝だ。

11月1日、東大本郷キャンパス（東京都文京区）の御殿下グラウンドに、Tシャツやジャージー姿の初々しい7人の1年生の姿があった。入部を検討中の1年生向けに上級生部員たちが

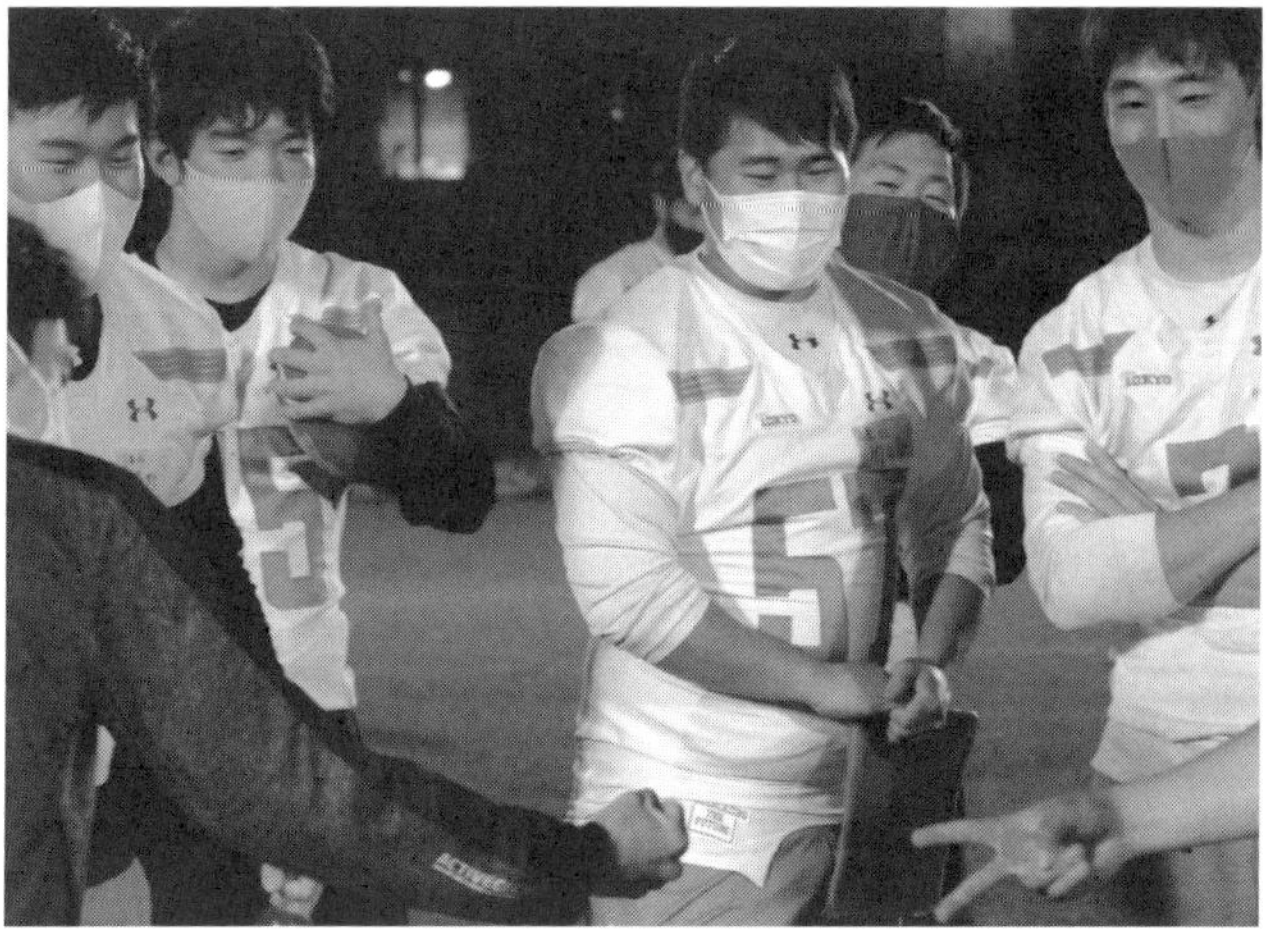

練習体験会で新入生たちを温かく見守る竹田駆（中央）（東京都文京区の東京大学御殿下グラウンドで2020年11月1日＝東京大学アメリカンフットボール部提供）

アメフトの基本を教えたり、タックルのない初心者向けの「タッチフット」をともに楽しんだりする練習体験会が開かれていた。前日の法政大学戦に出場し、疲れも残る中、竹田は統括役を務めていた。

秋季リーグ戦も佳境に差し掛かるこの時期まで新歓が続くのは異例だ。例年なら春先に集中的に行うが、2020年春は新型コロナの影響で新入生との接触の機会が激減した。3月の入試の合格発表は学内掲示が中止となり、絶好のアピールの場となるユニホーム姿での合格者の胴上げができなかった。部活動は休止に追い込まれ、4月以降は講義もオンラインとなり、キャンパスに人影はなくなった。

新歓の「実動部隊」となる3年生以下の部員とともに知恵を絞ってSNS（ソーシャル・ネットワーキング・サービス）での発信や、ウェブ会議ツール「Zoom」を使ったオンライン相談会などを開いてきたが、選手・スタッフの加入は前年の3分の1程度の約20人にとどまっている。

例年ならアメリカンフットボール部は合格者を胴上げし、部をＰＲするが、２０２０年春は新型コロナウイルスの感染拡大を受け、合格者の受験番号の掲示はなくなった（東京都文京区で２０１２年３月10日＝矢頭智剛撮影）

東大も部活動は再開されたが、講義の多くはオンラインのまま。

「例年ならキャンパスを歩いている１年生に声をかけて練習場に連れてくることができる。でもオンラインイベントは１年生側からアプローチしてもらわないといけないのです」

竹田は苦境を語る。だから呼びかけに応じて練習体験会に足を運んでくれた新入生を熱心にくどく。

「春先にできなかった分、シーズン中もやるしかない」

竹田は横浜市出身。小学３年でソフトボールを始め、東京にある私立の芝中学校・高校時代の６年間は野球に打ち込んだ。主に捕手だったが試合で活躍できず、居場所はずっとベンチ。「試合も負けるのが当たり前だったし、全然駄目な高校３年間だった」と振り返る。

１浪で２０１７年に入学した東大ではスポーツをするつもりはなかった。だが春先、キャンパスを歩いていると、さまざまな部から勧誘を受けた。食事に誘われ、ついて行った先で、熱く競技の魅力を語り続ける屈強な上級生たちがまぶしく見えた。それがアメフト部だった。

くしくも現役時代は京都大学で、指導者としては社会人Xリーグの鹿島（現・LIXIL）でライスボウルを制して日本一となった森清之氏（56）をヘッドコーチに迎えて強化に本腰を入れた年。竹田は「日本一を目指す本気度が伝わってきた。駄目な自分を変えて、人生で初めて本気でスポーツに打ち込み、強いチームに勝ってみたいと思った」と語る。

入学時から172センチ、85キロのどっしりした体格で、夏にはポジションがOLに決まった。相手守備陣をブロックし、攻撃の要となるQBらを守る重要な役割だ。強固な「盾」となるべく体作りに励み、体重を100キロ超まで増やして3年の秋に公式戦デビューした。

選手として成長するとともに4年に進級する際、もうひとつの大役を買って出た。

「自分は先輩に誘われていなかったらアメフト部に入っていなかった。同じように後輩を勧誘してあげることで、チームに貢献したい」とリクルーティングリーダーに立候補した。

地道に種をまき、芽を伸ばす

東大が新歓に力を入れるのは理由がある。アメフトは高校生以下の競技人口が少ない。推薦入学で優れた選手を獲得したり、系列高校のアメフト部で経験を積んだ選手の進学を計算したりできる私立大学と違い、競技経験者の入部を期待できないからだ。

2020年主将の唐松星悦（21）のように高校時代からアメフトを経験していた学生なら自ら入部してくれるだろうが、そのような新入生は1学年に1、2人いるかどうか。高校までの競技経験を問わず片っ端から入部を誘い、一から競技を学ばせて「フットボールエリート」たちに対抗させるのが代々続く東大の育成方針なのだ。

ライバル校との差は2020年のロースター（登録メンバー）表を見ても歴然としている。既に対戦した中央大学には先発出場2人を含めて17人、法政大学には先発1人を含め20人の1年生がいた。一方の東大の新人は、都立戸山高校アメフト部出身のRB（ランニングバック）伊佐治蓮《れん》（19）＝教養学部1年＝が法大戦でメンバー入りしたのが唯一の1年生だ。

それでも高校までバスケットボール部だったDB（ディフェンスバック）助川左門《さもん》（22）＝法学部4年＝が2019年、初昇格した関東大学1部上位リーグ「TOP8」で最多インターセプトを記録し、ポジションごとの優秀選手「オール関東24」に選ばれるまでになったように、じっくりと育てれば対抗できる。

竹田は強い口調で言う。

「東大は、新歓で成り立っているチーム。正直言うと、1年生の数は僕らの代にとって戦力的にはそれほど影響はありません。でも、先輩たちがたくさん部員を獲得してきてくれたからこそ僕らはTOP8にいる。そこに対する責任はあります。今、部員を獲得できなくて2、3年後にガタッと実力が落ちるようだと、僕らも残念。何とか尽力したい」

そんな思いに、伊佐治は「先輩たちも春先からほとんど練習できずもどかしい思いをしていたはずなのに、優しく僕たち1年生の面倒を見てくれてありがたく思います。前向きな姿勢を見習いたい」と感謝する。

法政大学に敗れた東京大学。ミーティングで森清之ヘッドコーチ（右から2人目）は「これが現時点の力。日本大学戦に向けて弱点をどう修正できるか」と再起を促した（東京都調布市のアミノバイタルフィールドで2020年10月31日＝黒川優撮影）

東大は「あと10人ぐらいは新人を確保したい」として、練習体験会と並行して公式戦の実況ライブ配信も行っている。新歓イベントは、シーズン終了後も継続する方針だという。

竹田は2021年春、北海道大学の大学院に進み、農業の研究者を目指す。東大を受験した時点では文系だった。だが浪人時代や1、2年の教養学部時代に、授業を通じて日本の農業従事者が減少傾向にある実情を学び、「日本の農業を盛り上げる一助になりたい」と思って農学部に進んだ。そして進学先として東京よりフィールドワークに打ち込みやすい北の大地を選んだ。競技に打ち込むのは今季で最後と決めている。

関東大学1部上位リーグ「TOP8」の8校を4校ずつ2組に分けて総当たり戦で争う変則方式の今季、A組の東大はここまで1勝1敗で11月14日、2連勝中の名門・日本大学に挑む。勝利すれば、1位となる可能性があり、1位となれば、B組1位と初の毎日甲子園ボウル出場を懸けて戦う。

「日大は強い。恐らく関東で一番強い。でも実力差はそんなに感じない。粘り強く戦えば、勝つチャンスはきっとある。最高の相手と勝負できることを楽しみたい」と意気込む。

地道に土壌を耕し、種をまき、芽を伸ばす――。そんな挑戦者たちが未来への扉を開く決戦に臨む。

舞台は消えてもエールは消えない、女子部員19人の声が高らかに響く

岐阜県立岐阜商業高校応援部
田中一葉

学生のスポーツ活動は再開しつつあるが、試合の多くは無観客で行われ、依然として晴れ舞台を失ったままなのは応援部だ。女子部員ばかり19人が所属する岐阜県立岐阜商業高校（岐阜市）の応援部は、硬式野球部の出場が決まっていた２０２０年春の選抜高校野球大会が中止となるなど応援の舞台を失った上、校内でクラスターが発生するなど翻弄され続けた。それでも創部69年目の伝統をつなごうと練習を続けている。

舞台はもうない、それでも練習場に向かう

「かっとばせー」

2年生の演舞の動きを確認する田中一葉(中央奥)ら応援部の3年生。腕の角度がそろっているかなど細部まで目を光らせる(岐阜県岐阜市の県立岐阜商業高校で2020年9月8日=円谷美晶撮影)

暑さもピークを過ぎた9月上旬の午後4時、低く太い声が、太鼓の音と共に校内に響き渡る。白手袋に学ラン姿。キビキビした大きな振りを見せる2年生、声を張り上げる1年生。団長を務める3年の田中一葉《かずは》(17)は動きにずれがないか目を配る。

練習場所は渡り廊下。感染防止対策のため互いに距離を取り、発声練習の時は向き合わない。県立岐阜商高には定時制も併設されているため大声を出せるのは午後5時半まで。以降は筋力トレーニングに励む。

既に3年生8人に残された大会はない。例年なら夏の高校野球が最後の晴れ舞台となるが、2020年は大会が中止となった。それでも後輩たちの指導のため連日、練習場所に向かう。

「何事もなかったかのように、次の代にきちんと伝統を引き継ぎたい」

田中の言葉に覚悟がにじむ。

田中は岐阜県各務原《かかみがはら》市に生まれた。中学まではバレーボール部に所属したが、高校入学後に応援部の練習

渡り廊下から校内に響き渡る声で応援の練習をする1、2年生部員。晴れ舞台を失った3年生の思い、伝統を受け継いでいく（岐阜県岐阜市の県立岐阜商業高校で2020年9月8日＝円谷美晶撮影）

風景を見かけ、「かっこいいな」とひかれた。両親に話すと「誰かを応援することはとっても大事なことだと思う」と促され、入部を決めた。

1、2年の間は下積み時代。当初はおなかからの低く通る声が出せなかった。大声を出そうとすると周囲より高音になり、先輩に指摘された。発生のコツをつかむまでは毎日、声をからして帰り、母・宏美さん（42）に「お相撲さんのまねみたい」と苦笑いされた。「どれだけ声がかれてもいいから、絶対に誰よりも大きな声を出す」と腹筋も鍛え、団長を任されるまでになった。

憧れは甲子園のアルプススタンドだった。2015年春を最後に甲子園から遠ざかっていた野球部が、2019年秋の東海大会で準優勝した。年が明けると、春のセンバツ出場が決まった。野球の応援は、試合の最初と最後にある応援団同士のエール交換が見せ場だ。団長が「フレー、フレー」と球場に声を響き渡らせる。大役を意気に感じ、練習を重ねた。

「野球部の選手たちの方が悔しいはず」

だが新型コロナの感染拡大が状況を一変させた。休校に入っていた3月4日。センバツの無観客開催の方針が伝えられた。応援団も入場できないという。

「そんなこと、本当に決めたのかな」

感情が追いつかなかった。1週間後には大会の中止が決まった。

4月には全国高校総合体育大会、5月には夏の甲子園も中止が決まった。晴れの舞台をなくした応援部員だが、誰も失意を表に出さなかった。「野球部の選手たちの方が悔しいだろうから」と田中は当時の胸中を振り返る。

6月に入り、授業とともに部活動は再開した。だが7月中旬、校内の教諭や生徒の集団感染が判明した。学校は再び2週間の休校となり、部活動も禁じられた。当時、高校でのクラスター発生は全国初だった。学校には外部から200件以上の電話があり、多くが「どういう指導をしているんだ」ととがめる内容だった。

野球部は8月、センバツ中止の救済策として甲子園で各校1試合限定で開催された交流試合に出場。ただ観戦は家族らに限られた。県立岐阜商高は明豊高校（大分）に2―4で敗戦。応援部員はそれぞれ自宅のテレビで見届けた。

県立岐阜商高応援部は1952年、私設応援団として発足した。1962年に部として公認され、委員会活動になった時期も通して69年目となる。当初は男子部員のみで活動していた。だが2005年9月に3年生の男子部員4人が引退し、部員がいなくなった。

そこで動いたのが2004年から顧問を務める渡辺信之教諭（57）だった。渡辺教諭のもとへ、応援部のOBから部の存続を訴える声が届いたのだ。職員会議で複数の部活動を兼ねることが認められるよう働きかけた。科学部やコンピューター部から男子だけでなく女子も集めて活動を継続した。2007年秋の代替わりで残った部員が全員女子となり、以降は女子だけでの活動となった。

当初は偏見に苦しめられた。「女子の指揮で校歌を歌いたくない」との心ない言葉も投げかけられた。だが渡辺教諭は「やめたい」と泣きついてきた部員を「そんな軽い気持ちなら、やめればいい」とあえて突き放した。勇気づける応援をするには、精神力、胆力を備える必要があると考えたからだ。部員たちは学校の顔として日常生活から規律を守り、暑さに耐える体力を身につけるため、腹筋や背筋、走り込みなど運動部顔負けの厳しいトレーニングにも励んだ。

努力と熱意は周囲の見る目を変えた。2009年夏の甲子園。3年ぶりの出場を遂げた野球部は4強入り。強豪・PL学園高校（大阪）を破った3回戦では、応援部の指揮でアルプススタンドが一体となった。PL学園高の華やかな人文字での応援に引けを取らず、地鳴りのような声援を響かせた。大会後、野球部から感謝の言葉をかけられた。

「応援のお陰であそこまで勝ち進むことができた。日本一の応援をありがとう」

引退式で届ける最後のエール

渡辺教諭が部員たちに授けてきた言葉がある。「平凡の非凡」

「平凡なことを毎日続けることは非凡なことである。一見、平凡に見えることの裏側には努力や運など非凡なものが隠れている」との渡辺教諭の教えだ。

２０２０年はコロナという初めての事態に直面した。３年生は集大成の場を失いながらも練習を続けた。渡辺教諭はたたえる。

「苦労してきた成果を発揮できない無念さは計り知れない。それでも誰一人、腐らなかった。晴れ舞台で目立つこと以上のすごみを感じます」

コロナはいまだ収束せず、社会は不安の中にある。田中は改めて応援部の存在意義を考える時、この道に入ることを応援してくれた両親の言葉を思い出す。

「誰かを応援することはとっても大事……」

そして胸に誓う。

「応援部は縁の下の力持ち。大声を出さなくても存在感のある、人を支える立場であり続けたい」

10月31日から2日間、中学生や保護者を対象にした高校見学会が催される。応援部はその場で演舞を披露する。進路に迷いながら緊張した表情で訪れる親子らを迎えるエール。これが３年生部員の引退式となる。

この団旗、降ろす時

岐阜県立岐阜商業高校応援部
平田雪衣

全国でも珍しい女子だけの岐阜県立岐阜商業高校応援部の3年生部員8人が11月1日、岐阜市の校舎で最後の演舞を繰り広げていた。新型コロナウイルスの影響で晴れ舞台をなくしたが、創部69年目の伝統を誇りに活動を続け、秋空の下に立った。

「かっとばせー、岐阜商」

重さ約15キロの団旗を掲げ、声を張り上げた第69代旗手長の平田雪衣《ゆい》（17）の胸中で、悔しさと感謝の念が重なり合った。

県立岐阜商高応援部にとって最後の舞台がやってきた。10月31日からの2日間、入試を控えた中学生と保護者が教室内で高校側から説明を受けた後、校内の自由見学に移るタイミングを見計らって、いつもの練習場所の3階の屋外渡り廊下からエールを送る演出だ。8人が後輩たちとともに声を振り絞ると、次々と教室の窓が開いた。中学生が顔を出し、表情を明るくした。

8人が身につけていたのは、野球部が出場を決めていた2020年春の選抜高校野球大会に向けて新調した学ランだった。感染拡大で中止にならなければ、阪神甲子園球場のアルプス席にその姿で立つはずだった。

「見てると泣けてくるな。これを甲子園でやらせてあげたかった」

見届けた顧問の渡辺信之教諭（58）は胸を熱くした。

隊列の端で、時折吹く風に揺れる団旗を高く掲げていたのが平田だ。団旗は、腕章とバッジとともに「応援部の三種の神器」と呼ばれ、大切に受け継がれてきた代物だ。紺地に校章が描かれ、金色で校名が記されている。

その大きさは縦2・8メートル、横4メートル。重さは棒の部分まで含めて15キロ程度で、強風にあおられると負荷は40キロを超えるともいわれる。腰に巻き付けたベルトで固定し、野球の応援でも試合終了まで降ろすことは許されない。歯を食いしばって続けてきたが、それも最後となると、手放す寂しさがこみ上げた。

努力で勝ち取った「旗手長」という大役

平田は岐阜市に生まれ育ち、中学生までは剣道部に所属していた。ただ県立岐阜商高の応援部のことは、小学生時代から聞いていた。活発な平田は、担任から「お前は声が大きいから、将来は県立岐阜商の応援部だな」と言われていたのだ。そんなことは記憶の片隅に追いやられていたが、何の因果か、実際に県立岐阜商高に進んだ。運命の日は早速、入学式で迎えた。新入生を前に応援部の女子部員たちの迫力ある演舞が始まった。「すごい」と圧倒され、自ら入部を決断した。

ただ同級生に比べて振り付けを覚えるのが遅く、苦労した。周囲が次の段階に進んでも自身は何度も同じ振り付けをやり直すように指示された。「何回言えば直るの？」と先輩から厳しい声が飛んだが、どこが間違っているのかも分からない。それでもくじけず、誰よりも早く練習に取りかかり、振り付けの得意な上級生に頼んで見てもらうなどして、遅れを取り戻した。

　高校野球県大会でスタンドを駆け回り、生徒や保護者と一体となった応援を作り上げた。その喜びは日々の苦労を忘れさせてくれた。だから人一倍の努力を続けた。周囲もその姿を見ていた。代替わりした2019年秋、幹部職のひとつの「旗手長」に、引退する3年生から指名された。

旗手長として、応援部のシンボルの団旗を掲げる平田雪衣（岐阜県岐阜市の県立岐阜商業高校で2020年11月1日＝円谷美晶撮影）

「応援部のシンボルの旗を持たせてもらう」

　誇りと責任感を胸に抱いた。

　2020年1月、センバツ出場が決まって最大の夢だった甲子園行きがかなうと知り、野球部員と同じように平田も胸を高鳴らせた。そして、中止が決まった時、野球部員と同じように失意に打ちひしがれた。休校は長引き、他のスポーツ大会も次々に中止となった。7月中旬には、県立岐阜商高の教諭や生徒の集団感染が判明するなど翻弄され続けた。

それでも人前で落ち込んだ顔を見せないのは、人を激励する応援部の幹部としてのプライドだ。重苦しい空気に包まれた時期も後輩たちに積極的に話しかけて、笑顔を引き出してきた。

規律正しさを重んじる部は伝統的に上下関係が厳しい。だが平田は時に先輩の励ましの声に支えられ、ここまで続けてこられた。その感謝の思いから、自らも特に振り付けの習得に手間取る後輩を見ると、丁寧に指導してきた。

大会の中止が相次ぎ、自らの出番がなくなった後も「後輩に経験を伝えていこう」と気持ちを切り替えて、練習を続けてきた。

「後輩の面倒見は一番いい。要領はよくないが、やることに信念を持っている」

渡辺教諭に平田はそう映った。

涙と笑顔にあふれた解団式

11月1日、高校見学会で約30分の演舞を終えると、平田は団旗をゆっくりと降ろした。続いて校舎内の一室で解団式が開かれた。平田は部で過ごした2年半の記憶をたどりながら、後輩たちに別れの言葉を告げた。

「目標のない期間でも、私たちが言ったことを聞いて練習に取り組んでくれて、ありがとう」

平田が涙をためながら笑うと、後輩たちも同じ顔になった。

晴れ舞台を失っても腐ることのなかった8人の3年生に渡辺教諭は、こう言葉を贈った。

引退の演舞と解団式を終えた応援部の3年生8人。晴れ舞台は失われたが、「やりきった」と表情は明るい（岐阜県岐阜市の県立岐阜商業高校で2020年11月1日＝円谷美晶撮影）

「よく頑張った。心から君たちのことを尊敬する。県立岐阜商の応援部ここにあり、というのを、何万人もの観衆には見せられなかったかもしれないが、私や後輩には完全に焼き付けた」

すすり泣く声が室内に広がった。

平田は卒業後、公務員になる。この半年、部活動と並行して勉強に励み、試験に合格した。介護の現場で働きながら女手ひとつで仕事と家事を切り盛りしてきた母・恵子さん（48）を安心させたいとの一心だった。母は忙しく、平田の応援部の活動に立ち会う時間はなかった。次は、陰で支え続けてくれた母の「応援」をする。

同時に平田には、ひそかに抱いている夢もある。お笑い芸人になることだ。幼いころからバラエティーが好きだった。人を元気づける役回りは、ここまでの応援部での歩みとも重なる。夏には、東京都内のお笑い芸人養成所のオーディションを受け、合格したが、まずはしっかり働いて、貯蓄をしてから夢と向き合うことに決めた。

この先、どんな苦難が待ち構えていようとも、旗手長として逆境を歩んだ経験を思い出せば、乗り越えていけそうな気がする。恵子さんも、そんな平田を頼もしそうに眺めて、願う。

「厳しさ、悔しさを乗り越え、自信が付いたように見える。これからも負けそうになっている人を応援できる人生を歩んでほしい」

第4章 2020〜21年 冬

空白の時間が自分たちを強くした。何があっても心は折れない

全国大学ラグビー選手権準々決勝の日本大学戦で、
相手タックルを振り切って突進する明治大学の箸本龍雅主将
（東京・秩父宮ラグビー場で2020年12月19日＝滝川大貴撮影）

守護神、無念の脱臼……青い花束を手に涙の終幕

東京大学アメリカンフットボール部
助川左門

東京大学アメリカンフットボール部の特別なシーズンが11月28日、幕を下ろした。関東大学1部上位リーグ「ＴＯＰ８」の５、６位決定戦で早稲田大学に挑み、７―40で完敗した。副将として防御のとりでを務めたＤＢ助川左門（22）はスタンドから拍手を送る保護者らに深々と頭を下げ、「悔しさしかない」と涙を流した。

予選Ａ組で１勝２敗の３位となり、目標にしていた毎日甲子園ボウル出場の可能性は消えていた。だが順位決定戦の相手のＢ組３位の早大は２０１９年度の関東王者であり、自らの成長を証明する絶好の相手だった。

東大は開始早々から守勢に回った。早大のＱＢやＲＢを自由にし、攻め込まれた。流れを変えたのが助川だった。第２クオーター開始１分過ぎ、敵陣から自陣へのロングパスをインターセプト。左のライン際を駆け抜けて陣地を大きく挽回した。勢いに乗ってＱＢボストロム丞慈《じょうじ》（22）＝法学部４年＝がＴＤ（タッチダウン）ラン。ゴールも決めて７―10と迫った。10―23の接戦を演じた「去年と同じだ」とベンチもスタンドも沸き立ち、助川は「ここから、去年の結果をひっくり返すんだ」と奮い立った。

だが意気込みとは裏腹に、東大はここから引き離される。パスはことごとく阻まれ、ミスに

つけ込まれて陣地を奪われた。助川が強烈なタックルで敵を食い止めても、地力の差で押し込まれて失点した。

そして第3クオーター3分過ぎ、自陣ゴールに迫る相手をタックルで止めた時、助川の左肩は動かなくなった。脱臼だった。痛みに耐えてグラウンドに立ったが、自らの頭の上を跳び越えられてTDを奪われた。助川がベンチに下がると、再び東大に流れが戻ることはなかった。

早稲田大学戦の第2クオーター、突進するDB助川左門（東京都調布市のアミノバイタルフィールドで2020年11月28日＝吉田航太撮影）

「守護神」としてチームを率いる

助川は東京都出身で、開成中学校・高校時代はバスケットボール部に所属した。1浪を経て入学した東大では新たな競技に挑みたくてアメフト部の門をたたいた。最初は攻撃の花形ポジションに憧れたが、バスケで培ったプレーの先を読む能力を森清之ヘッドコーチ（56）らに評価され、2年からDBに転向した。2019年度はTOP8で最多インターセプトを記録し、東大から唯一、ポジションごとの優秀選手

花束を受け取り、記念写真に納まるOL唐松星悦主将（前列右から2人目）ら部員たち（東京都調布市のアミノバイタルフィールドで2020年11月28日＝吉田航太撮影）

「オール関東24」に選ばれた。

集大成の今季、「助川を主将に」と推す声もあった。だがその座は、現役東大生として初めて日本代表に選ばれたOL唐松星悦（21）に譲った。「唐松の方が発信力があって、チームを引っ張りやすい」と思ったからだ。「その分、自分は下級生にも目を向けて調整役になろう」と考えた。

グラウンドでは、意図して他のDBより一歩下がってポジショニングした。グラウンド全体をカバーしてパスコースを塞ぐ。防御網を突破した相手に瞬時に低く鋭いタックルで突き刺さる。ゴールラインを背に奮闘する姿は「守護神」と呼ぶにふさわしかった。新型コロナウイルスの感染拡大に振り回される中、後輩たちのケアにも心を砕いた。

試合後、部を去る4年生に後輩や保護者たちからチームカラーの青い花束が手渡された。助川も肩を押さえ、目を赤くしながら輪に加わった。助川は複数の社会人チームから誘いを受けているという。ただ卒業を先送りにする覚悟で練習に打ち込んできたため、卒業要件を満たさず、1年は大学にとどまって学業に励む。この先については「どうしようかな……」と、まだ考えが及ばない。

そんな助川たち4年生に、森氏は最後のハドル（円陣）で言葉を贈った。

「4年生は勝って終わりたかったかもしれない。しばらく『フットボールはいいや』って思うかもしれない。でも10年後、20年後、（アメフトをしていた時間に）必ず価値が出てくる。俺が保証してやる」

ひとまず挑戦は終わったが、人生はこれからだ。この悔しさも次へと進むエネルギーとする。

関東大学ラグビー、伝統の早明戦で両雄が激突

明治大学ラグビー部　高橋広大
早稲田大学ラグビー部　下川甲嗣

12月6日に行われた伝統のラグビー「早明戦」。前季全国大学選手権大会を制した早稲田大学と、前季関東大学対抗戦で全勝優勝を果たした明治大学が、優勝を争って激突した。新型コロナウイルスの影響の中で繰り広げられた宿命の対決は、例年とは違う闘志に包まれた。

寮長としても勝利に貢献、伝統の早明戦を制す

ラインアウトからモールを一方的に押し込んで奪った前半の3トライ目に、明大が誇る重戦車FWは感情をあらわにした。頑強にくみ上げた一団の中核を担ったロックの高橋広大（22）＝情報コミュニケーション学部4年＝は、顔を真っ赤にしながら雄たけびを上げた。

前節の帝京大学戦は立ち上がりが不安定だったが、この日は試合開始直後から持ち味である縦への強さを発揮し、接点、スクラム、ラインアウトのいずれでも優位に立った。高橋の「みんなはあまり口に出さないが、早明戦には胸に秘める思いがある。燃えないわけがない」という言葉は、だてではなかった。

明大は1カ月前の思わぬ敗戦から、右肩上がりの成長曲線を描いた。その歩みは、リーダー陣の一人である高橋抜きに語れない。

下馬評で有利とされながら11月1日の慶応大学戦に12―13で敗れた。足首のけがの影響で出場できなかった高橋は「気持ちの問題。勝てるのでは、という油断があった。自分たちと向き合う必要があった」と振り返る。

寮生活の責任を負う寮長を務める高橋は、関東対抗戦を制し、全国大学選手権で準優勝した前季のチームにはなかった気の緩みを感じた。寮がわずかに散らかり、ごみの分別ができていないなど、私生活での「甘さ」が見受けられた。２０１８年の田中澄憲監督（44）就任後、明大は私生活から規律を保ち、復活を遂げた。それだけに看過できなかった。

新型コロナウイルス感染拡大の影響で、明大の選手は4月から約3カ月間寮にこもり、隣接

のグラウンドと往復する日々を送った。11月に入っても公共交通機関は使わず、外出を極力控える。単調な日々にも自律しているが、高橋は「マンネリではないが、当たり前のことができていなかった」と自戒を込める。慶大に敗れた後、チームで生活や精神面の修正点を確かめ、雰囲気は引き締まった。

練習でのプレーの激しさや緊張感は増した。慶大戦から3週間後の帝京大戦では逆転勝ちを収め、今季初出場を果たした高橋はチームの成長を実感した。田中監督は「高橋は言いにくいこともチームを思って指摘できる。グラウンド内外でタフな役割を率先して担ってくれています」と信頼する。

「自分たちはまだまだ成長できる」、優勝は大学日本一への序章

高橋は群馬県高崎市出身。父・史朗さん（52）は群馬・東京農業大学第二高校で全国高校大会に出場し、帝京大でプレー。父の勧めに無関心だった高橋だが、小学3年の時に漫画誌を購読させてもらうことを条件にラグビースクールに通い始めた。プレースタイルが似ているという史朗さんから受け継いだ走力と体の強さで頭角を現し、神奈川・桐蔭学園高校では3年時に全国高校大会で4強入りし、高校日本代表にも選ばれた。史朗さんに連れられ、子供のころから秩父宮ラグビー場で大学の試合を観戦していた高橋は、明大に進んだ。

憧れの舞台での活躍を期したが、最前線で体を張るプレースタイルはけがとも隣り合わせだった。2年時秋に左膝前十字靱帯《じんたい》を断裂し、復帰までに8カ月を要した。関東対抗戦デビュー

関東大学ラグビー対抗戦の早稲田大学戦で味方に指示する明治大学のＦＷ
高橋広大（東京・秩父宮ラグビー場で２０２０年12月６日＝滝川大貴撮影）

を果たした前季もけがを繰り返して出場機会が限られ、対抗戦と全国大学選手権決勝の早大戦は、終盤のわずかな時間の出場にとどまった。

けがに苦しむ高橋は、自身と同様にロックやFW第3列を務めた史朗さんに「努力をしたら最後は勝てる」と励まされてきた。だからこそ、大学生活を締めくくる今季に懸ける思いは強く、新型コロナにもめげなかった。

全体練習自粛期間は、寮で下級生とすれ違えば「一緒に頑張ろうな」「調子はどうだ」と声をかけ、必死に士気を保とうとした。自身は人知れず「ラストイヤーなのに何でこんなことに……」と嘆いたこともあったが、「自分にはラグビーしかない。大学日本一のために耐えろ」と心を燃やした。

開幕直前に負傷したが、大一番には間に合わせた。早大に何度もタックルを仕掛け、攻撃でも臆することなく防御網に突っ込んだ。一本の筋が通ったようなプレーと人柄でチームを引っ張った高橋は「敗戦から自分たちを見つめ直して取り組んだ。うれしい」と自信を深めた。

「頭と肩が痛い」と苦笑する声も、快勝に貢献した喜びがにじんだ。

前季は関東対抗戦を全勝で制したものの、全国大学選手権決勝で早大に敗れ、準優勝に甘んじた。高橋は「自分たちはまだまだ成長できる。慢心せずに、伸びていく」と、勝ってかぶとの緒を締めた。今回の優勝を、大学日本一への序章にするつもりだ。

2年連続の王者を目指す

大きくリードされ、ハーフタイムまでに反撃の糸口を見つけたかった前半終了間際。SH小西泰聖（20）＝スポーツ科学部2年＝が相手のすきを突いてゴール前まで迫ったのに乗じて、早大FWが殺到した。プロップ小林賢太（21）＝スポーツ科学部3年＝がトライを挙げると、サポートしたロックの下川甲嗣《かんじ》（21）＝スポーツ科学部4年＝はその肩を優しくたたいていたわった。

2020年の早大で唯一、早明戦で4年間先発出場し続けた下川は、新型コロナの影響で観客数に制限がかけられながらも、大きな拍手で盛り上がるスタンドを見つめた。

福岡県出身の下川は、兄で慶応大学のFB（フルバック）としても活躍した桂嗣さん（29）の後を追って4歳から中学卒業まで地元のラグビースクールでプレーした。高校は県立の名門・修猷館《しゅうゆうかん》高校へ。高校1年の時から180センチ超あった体格を生かしたパワフルなプレーでNO8として活躍。絶対王者・東福岡高校などの厚い壁に阻まれて全国大会出場はかなわなかったが、早大に進むと1年の対抗戦から、後の主将の丸尾崇真（21）らとレギュラーの座をつかんだ。

前季は対抗戦最終節での全勝対決で明大に全勝優勝を許した一方、大学選手権では明大を破って日本一に輝いた。王者になった時にだけ口にできる部歌「荒ぶる」を真新しい国立競技場で熱唱した。最高学年として迎える新チームでは、「言葉に力があってチーム全員から信頼されている」と認める丸尾が主将、自らは副将として下級生たちに目を配りつつ、チーム全体を支えていくと決意した。

そんな矢先のコロナ禍。チーム練習は約3カ月の自粛を余儀なくされた。体力が課題の下川は1人で黙々と走り込みをしたものの、下級生やレギュラー以外のメンバーが気になった。

「この期間、どうしようか……」

下川は、丸尾や4年生の中心メンバーらを巻き込んでオンラインミーティングで話し合い、チーム運営を相談した。学年やポジションで6、7人の「小グループ」を作ると決めた。個人練習の進行状況を確認し合い、ラグビーの理解度を深め合う。

「FWはバックスに対して『こういうシチュエーションだとFWにどう動いてほしいのか』などと聞けました。普段、グラウンドで走り回っていたら聞きづらいことや、下級生が上級生に聞きづらい基本的な約束事の確認もできました」

下川はこう振り返る。

今季スローガン「バトル」を誰よりも体現

「小グループ」による連帯の効果は、チーム全体の底上げとなって表れた。今季、対抗戦7試合で先発・リザーブに名を連ねた選手は計37人。早明戦の登録メンバーに入った4年生は4人だけで、他は下級生からの「突き上げ」に大一番での先発の座を奪われた。

　これこそ、相良南海夫《なみお》監督（51）が目指した今季のチームの姿だ。けがによる欠場に加え、今季は新型コロナ感染や、感染が疑われる体調不良者の発生による欠場のリスクが高まることを想定。「いつ、どの選手が出場することになってもいいように」と選手層を厚くすることを目指してきた。下川も、対抗戦初戦の青山学院大学戦は「コンディション不良」との判断でメンバーから外れた。下川が先発に名を連ねたのは第3節の日本体育大学戦からだ。

「他の大学のライバルと戦い、チーム内でポジション争いをする仲間とも戦い、自分自身とも戦い、コロナ禍とも戦う」

　そんな意味を込めて掲げられた今季の早大のスローガン「バトル」。前季主力だったSH斎藤直人（23）やCTB中野将伍（23）＝ともに現・サント

明治大学戦の試合前に調整する早稲田大学の下川甲嗣（東京・秩父宮ラグビー場で2020年12月6日＝滝川大貴撮影）

リー＝らが抜け「スターがいない」と言われた早大が、今季も勝利を積み重ねたのは、この「バトル」があってこそだった。

一度は外れたレギュラーに舞い戻り、グラウンドでは接点で、ラインアウトで目を見張る激しいプレーを見せる下川は「バトル」を誰よりも体現した。目指す先は、2年連続で「荒ぶる」を歌うこと。下川は「去年は去年、今年は今年の『荒ぶる』がある」と話す。今季残り約1カ月。早大は戦い続ける。

託されたエース番号「10」を背負い、魂を込めた19のパス

日本大学アメリカンフットボール部
林 大希

翼は折れても、心は折れぬ。大舞台を前にまたしても襲ってきた試練に立ち向かい、19本のパスに魂を込めた。「フェニックス」（不死鳥）を愛称に持つ日本大学アメリカンフットボール部の司令塔、4年のQB林大希（21）。3年ぶりに「毎日甲子園ボウル」にたどり着いた時、その右肩は既に限界を超えていた。

阪神甲子園球場（兵庫県西宮市）で12月13日に行われた関西学院大学との頂上決戦。2018年5月の両校の定期戦で日大が起こした「悪質タックル問題」以来となる対戦で注目

を集める中、最大の焦点となったのは、「林は出場できるのか」だった。

甲子園ボウルを迎える2週間前の11月29日、桜美林大学との関東大学リーグ優勝決定戦。「腕の1、2本折れても勝つ」と気合をみなぎらせた林は、それまで封印していた自らのランによる攻撃を解禁する。だが、7点を追う第2クオーター終盤、右サイドを走った際にタックルを受け、右肩から落ちて負傷退場した。チームはその後、逆転勝ちし、甲子園ボウルの関東代表に決まった。

診断は右肩鎖関節《みぎけんさかんせつ》の靭帯断裂。心配した母・早苗さん（50）から「次の試合に出てほしくない。それでも出る？」と電話がかかってきたが、「出る」と即答し、治療に専念した。

ほとんど練習ができないまま甲子園ボウル前日、会場での公式練習を迎えた。後に明かした本心は「出られるか分からなかった」。しかし、相手に最大限の脅威を与えようと強気の姿勢を貫き、記者会見では「出るのか出ないのか、コンディションがいいのか悪いのか、明日楽しみにしといてください」と笑みを浮かべた。

「一球たりとも後悔はない」、チームに熱い感謝を

決戦の日、その背中にあったのは、今季の背番号「19」ではなく、日大のエース番号「10」だった。期待の新人だった1年時の2017年にも託されたが、2年時はチームが出場停止、前季は「何でも一番になれるように」と「1」を選んでいた。「10」は自ら要望するものではなく「監督から付けてくれと言われたら付けるかもしれない」と話していた番号だ。

甲子園ボウル第2クオーター、前線にパスを送るQB林大希（阪神甲子園球場で2020年12月13日＝藤井達也撮影）

林を起用するかどうか、ギリギリまで悩んだ橋詰功監督（57）は試合前日、2018年以降空いていた伝統の「10」のユニホームを甲子園球場の林のロッカーに黙って置いた。その日、宿舎のホテルで行われた最後のミーティングで「コーチ失格かもしれない。投げられない、走れないかもしれなくても、エースはお前や」とチームの命運を託した。

第1クオーター。林は立て続けにランプレーを選択し、パスは短いもののみだった。得点は7―7。「長いパスは投げられないのではないか」という空気が球場に漂いだした13分過ぎ、林にロングパスのサインが出た。「林の肩を気遣って（用意してきた）戦略が出せないのはなしにしよう」と事前に確認していたチームの約束事だ。敵陣30ヤードから林が投じた美しい放物線は、守備選手2人に挟まれながら跳び上がった25ヤード先のWR（ワイドレシーバー）山下宗馬（19）＝文理学部2年＝の手のひらにピンポイントで収まった。

橋詰監督が「けがをして以来、初めての距離（の長い

甲子園ボウルの試合後、選手たちに言葉をかける橋詰功監督（中央）（阪神甲子園球場で2020年12月13日＝藤井達也撮影）

パス）。予想以上。すごかった」と驚く精度の高さだった。「逆境に強い男」の真骨頂を発揮し、そこから続く攻撃で勝ち越しのTDパスも生まれた。

しかし、受け手とのタイミングが重要なパスプレーを2週間練習しなかったブランクは小さくなかった。逆転され、後半になると短いパスでもレシーバーの手前に落ちた。21―35で迎えた第4クオーター中盤、起死回生を狙ってエンドゾーン奥を狙った30ヤード近いパスは、エースWR林裕嗣（22）が伸ばした手の先をかすめて落ちた。伝統のパス攻撃に代わってチームはラン攻撃で食い下がり、ディフェンス陣もインターセプトを奪うなど死力を尽くしたが、最後は突き放され、24―42で敗れた。

QB林は試合全体では19本中10本のパスを成功させた。「甲子園で投げた19球。一球たりとも後悔はありません。ボールを投げられない、まともに走れない僕をオフェンスラインは守ってくれて、ランニングバックは必死に走ってくれて、レシーバーもボールを必死に捕りに行ってくれた。本当に感謝です」。林は目を赤く腫らし、声を絞り出した。

「悪質タックル問題」から2年半。仲間と悩み、時には衝突しながら前に進んできた。

「つらいことといったら、本当に『どんだけあんねん』ってくらいあったんですけど。今、それがすべて消えるくらい、ここで試合できて、仲間と戦えたことがうれしいんで、全部忘れました」

度重なる試練を経て、最高の仲間との忘れられない試合になった。

たった1人の初心者として、戦いはまだまだ終わらない

早稲田大学ラグビー部
坪郷智輝

西日差す師走の上井草グラウンド（東京都杉並区）。青春の全てを投じた、この地とも別れの時が近づく。早稲田大学ラグビー部のＦＷ坪郷智輝《つぼごうともき》（23）＝法学部4年＝は母への誓いを胸に、入学と同時に初心者ながら伝統校の門をたたいた。以来、１７１センチの小柄な体で張り合ってきた。練習前、スパイクのひもを結ぶ手が止まる。

「このまま試合に出られなかったら、４年間は無駄だったのだろうか」

迷いを吹っ切るかのようにグラウンドに駆け出す。

控えチームとして勝利を支援、でも「試合に出たい」

2020年12月19日、東京・秩父宮ラグビー場で開かれた全国大学選手権大会準々決勝の慶応大学戦。早大はラインアウトを制圧した。ボールを安定して確保して攻撃の起点とし、相手ボールも圧力をかけて奪った。29―14で勝利後、主将の丸尾崇真（21）は真っ先にスタンドにいる控えメンバーへの感謝を口にした。

「4年生をはじめ（控えの）『Bチーム』が慶大を研究してくれたお陰で、いい防御ができました」

早大は例年、対戦相手の研究に労力を割く。試合の映像から繰り返し、攻撃隊形や防御の穴などを解析する。ここで重要な役割を果たすのがBチームだ。対戦相手の全てを頭に入れ、対戦相手になりきり、レギュラー陣の練習相手を務める。

特にラインアウトは幾つもの細かい駆け引きがあり、事前にBチームがどこまで緻密に対戦相手をコピーできるかが試合を大きく左右する。坪郷も「仮想慶大」の一員として力を尽くした。

「ラインアウトも他のプレーも僕らが研究した通りだった。『慶大より強く』を合言葉にレギュラーにプレッシャーをかけて練習してきました。だから本物の慶大を『大したことがない』と思えたのではないでしょうか」

その言葉に勝利を側面支援した坪郷の自負がにじむ。

ただ――。本音ではもちろん「試合に出たい」。

坪郷は埼玉県川口市に生まれた。小学4年で野球を始め、県内の川越東高校に進んでも野球部に所属した。ラグビーとの出合いは、野球に明け暮れていた高校1年の時だった。早大ラグビー部でバックスとしてレギュラーをつかんでいた兄の勇輝さん（29）の試合の応援で、当時の国立競技場のスタンドに駆けつけた。肉体と肉体が激しくぶつかり合う音が客席まで届いた。その迫力に息をのみ、夢中でボールを追った。

「早大に行って、ラグビーをやる」。そう心に決めた。

受験失敗に母の死、ショックを支えた父の背中

だが大学受験を控えた2016年の年明け、夢中でスポーツに打ち込む姿を温かく見守ってくれていた母・ミユキさんの体を病魔が襲っていた。数年前にがんが見つかり、入退院を繰り返してきたが、腫瘍は全身に転移し、寝たきりの状態になっていた。

そんな中、坪郷は早大の受験に失敗。浪人して再挑戦することを決意し、その報告で病院に向かった。口を開くのもつらそうだった母は「残念だけど、また来年頑張ればいいよ」と精いっぱいの笑顔を見せてくれた。

だがそれが最後の会話になった。帰り道、「病状が急変した」との知らせを受け、病院に舞い戻ったが、母は意識が戻らないまま息を引き取った。

受験失敗に母の死が重なったショックから立ち直れたのは、父・眞之《まさゆき》さん（57）が毅然《きぜん》とし

ていたからだった。心に穴が開いたのは父も同じはずだったが、会社勤めを続けながら、慣れない家事にも奮闘していた。

浪人生活は父に負担を強いると胸が痛んだが「お前がやりたいようにやれ。俺はただ応援しているから」と笑ってくれた。優しさには結果で応えるしかない。受験勉強に無心で打ち込んだ。合格の朗報が届くと、ラグビー競技歴のない父がぎこちない手つきでパス練習に付き合ってくれた。

「どんなにつらいことがあっても、生きてさえいればなんだってできる」

坪郷は父の背からそう学んだ。

「お前ならできる」、兄の言葉を信じて

1年遅れでたどり着いた早大ラグビー部だが、待ち受けていたのは、2時間もひたすら走り続けるような過酷な練習だった。大学選手権で最多16回の優勝を誇る名門。初心者は同期50人の中でも坪郷だけだった。当時体重も74キロと軽く、名門高から入部してきたエリート選手たちと体格で歴然とした差があった。覚悟を問うようなハードな日々の繰り返しで、同期はあっという間に半分になった。

「お前ならできる」

部の先輩であり、会社員になった兄の励ましの言葉をまじないのように唱えた。母への誓い、父への感謝を思い浮かべれば、投げ出すことなどできない。仲間との差を埋めたいとの一心で、

練習でくたくたになった後も民間のジムに通って体を鍛え上げた。

ポジションのフランカーは激しいタックルと豊富な運動量が求められる。ゼロからのスタートは苦労が多かったが、逆に気楽でもあった。失うものはなく、成長が目に見えるのが楽しかった。体重は3年時には87キロになり、60キロの負荷から始めたベンチプレスは１３０キロを持ち上げられるまでになった。３年時まで公式戦出場での出番はなかったが、手応えは確実に得ていた。

黙々とトレーニングを積む坪郷智輝（早稲田大学ラグビー部提供）

最高学年となった２０２０年4月。新型コロナウイルスの感染拡大でチームの全体練習が休止に追い込まれた。それでも熱量は落ちなかった。

「この状況で自分自身がどれだけできるか試される。ここでやれなきゃ試合に出られない」

閑散とするグラウンドで一人、３００メートル走を繰り返し、電信柱に立てかけたタックルバッグに低く突き刺さるタックルの練習を繰り返した。

逆境や不条理を乗り越え、役割を全うする

そして11月1日、初めて公式戦出場の機会が巡ってきた。関東対抗戦グループの難敵・帝京大学戦で先発に名を連ねた。全ての思いを凝縮させたかのような魂のこもったプレーだった。果敢にタックルを繰り返し、自ら2トライを挙げた。同点で前半を折り返す熱戦の末、45―29の勝利に貢献し、この試合の最優秀選手に輝いた。「持ち味を出せた」と喜びをかみしめ、主将の丸尾も「心優しいが、試合になると狂気じみたプレーをしてくれる。やってくれると思っていた」と同期の活躍に目を細めた。

関東対抗戦の筑波大学戦で丸尾崇真（中央）をサポートしてともに突進する坪郷智輝（右）（東京・秩父宮ラグビー場で2020年11月7日＝谷口拓未撮影）

続く11月7日の筑波大学戦にも先発出場した。チームは50―22で勝利したが、自身はレギュラー定着に至るほどのアピールはできなかった。

その後は、同じポジションで前季からレギュラーを務める相良昌彦（19）＝社会科学部2年＝が故障から復帰し、大型新人の村田陣悟（18）＝スポーツ科学部1年＝はめざましい活躍を見せ

ているこどもあり、再び出番が遠のいたまま、大学選手権に突入した。

そんなある日の練習中。暮れなずむグラウンドの片隅で、フッカーの大平純造（23）が丸尾と話している姿が目に入った。大平は4年間を控えで過ごし、レギュラーをつかむべく自らの意思で留年して「5年生」としてチームに残った。その大平もまた、今季対抗戦初戦の青山学院大学戦の途中出場が唯一の出番となり、ベンチ入りできない日々を送る。

「このままでいいのか。もっと自分にできることがあるんじゃないのか」

主将相手にチームへの貢献を申し出る大平の言葉が漏れ聞こえてきた。その言葉は同じ立場にいる坪郷の胸に突き刺さった。

試合に出たい。そう思わない日はない。大学選手権決勝で勝利し、国立競技場で部歌の「荒ぶる」を合唱するためにどんな努力も惜しまないできた。その輪の中には泥まみれのジャージ姿で加わっていたい。

ただ部員総勢137人の大所帯で出場できる選手は限られている。

「試合に出る、出ないではなく、目標に対してどれだけ努力してきたかが大事だ。たとえ、上のチームに選ばれなくても、僕たちは僕たちのできることを常に全力でやっていかないといけない」

母の死、父の背中、兄の激励、歯を食いしばったコロナ禍の日々——。逆境や不条理を乗り越えながら、ここまできた。次は2021年1月2日の大学選手権準決勝。相手は再び帝京大だ。自らの役割を全うすべく、とっぷりと日が暮れるまで対策に汗を流している。

シャイな素顔に燃えるような闘志を秘め、悩みながらも前に進む

明治大学ラグビー部
箸本龍雅

2021年1月2日夜、東京都世田谷区八幡山の選手寮の食堂に、戦いを終えた明治大学ラグビー部員が集結した。日中、全国大学選手権大会準決勝で、大会初優勝を遂げる天理大学に15―41で敗れていた。2季ぶりの優勝の夢が断たれ、このメンバーで臨む最後のミーティング。新型コロナウイルスの感染拡大に振り回されながらも約100人の部員を率いてきた主将のNO8箸本龍雅（22）が口を開いた。

「決勝まで行けなかったけれど、最後までラグビーができたのは、不満があってもチームのために、みんなが厳しいルールを守って生活してくれたから」

うなずきながら静かに聞く部員たちの脳裏に異例のシーズンがよみがえる。活動自粛による2020年春のチームの一時解散、八幡山一帯からの外出を原則禁じた抑制の日々、無観客で迎えた10月の開幕戦――。そして感染者を出すことなく最後の日を迎えた。

「感謝している」。箸本はそう結んだ。擦り傷だらけの体に敗戦の悔しさは充満している。ただ不確実な毎日でも規律を乱さずに前へ進んだ仲間たちが、それ以上に誇らしかった。

プレーできない分、声かけでチームを引っ張る

箸本のキャリアは輝かしい。地元の東福岡高校では主将を務めた3年時、全国高校選抜大会、全国高校7人制大会、全国高校大会の3冠を達成した。明大でも1年時からレギュラーとなり、3年時には南半球最高峰リーグ「スーパーラグビー」に日本から参戦していたサンウルブズに練習生として招集された。

ただ、188センチ、107キロの堂々とした体格から繰り出す迫力あるプレーと対照的に性格はシャイで繊細だ。実績は申し分ないが、「話すのが苦手」なだけに高校時代よりも個性派がそろう大学でチームをまとめ上げられるかは未知数だった。

2020年3月、主将就任の門出で待っていたのが新型コロナの感染拡大だった。新体制として動き出したばかりの4月、政府の緊急事態宣言が発令され、チームは一時解散に追い込まれた。

全員が暮らす選手寮から半数の部員が帰省した。プレーで引っ張るのがスタイルだが、グラウンドでは個人練習に制限された。感染対策のため部は八幡山一帯から出ることを禁じた。週1日のオフ前夜の楽しみだった外食はできなくなった。寮にこもりきりでは息が詰まる。特に下級生ほどストレスをためやすく、部内の空気のよどみを少なからず感じていた。

悩む箸本に、明大OBで主将経験者の田中澄憲監督（45）が助言した。

「後輩は会話がないと龍雅や4年生との壁を感じたり、気にかけられていないと思ってしまったりするんじゃないか。少しの声かけで、信頼関係が築けることもあるぞ」

関東大学ラグビー対抗戦開幕前日の練習で、チームメートに声をかける主将の箸本龍雅（中央）（東京都世田谷区八幡山で2020年10月3日＝谷口拓未撮影）

プレーで示し、リードしようにも、その場がない。箸本も「言葉で引っ張らないといけない」と意を決し、寮の廊下ですれ違う後輩たちに声をかけることにした。

「練習はどう？　変わりはない？」

気恥ずかしく、笑顔が引きつった。最初は後輩たちも戸惑った表情を見せていたが、日を追うごとに会話が弾み、距離が縮まるのを感じた。そんな生活が約3カ月続き、7月中旬に全体練習が再開した。開催が危ぶまれた関東大学対抗戦は例年より遅れて10月に開幕を迎えた。

背負い込みすぎた重荷を外してくれた監督の一言

待ちに待った実戦だったが、箸本のプレーは精彩を欠いた。パスを受けても防御網を突き破るいつもの勢いや豪快さがない。実戦感覚が鈍っているのは皆同じだが、それだけではなく、プレーに迷いがあった。

そのころの胸中を箸本が明かす。

「寮生活での感染対策に漏れがないかなどプレー以外のことが常に頭にあったんです。自粛期間が長引いたため調整が遅れており、練習でも全体に目を配ることを考えすぎて、自分のプレーに集中できていなかった。悪循環からどうすれば抜け出せるか分からず、頭が混乱していました」

11月1日の慶応大学戦に12―13で敗れ、関東対抗戦は3勝1敗で折り返した。11月上旬、田中監督から指摘された。

「グラウンドでは自分のプレーに集中しなさい。特長が消えかかっている」

コロナとの闘いの中で全てを背負い込みすぎて、自分らしさを見失っていることに気づいた。監督の一言で箸本は重荷が取れた気がした。チームも慶大に敗れたことで顔つきが変わった。練習や日常生活が一段と引き締まり、ここからの追い込みで戦術的にも完成度が高まった。

「考えすぎなくていいと思うと、心身が軽くなり、前に出られるようになった」

箸本が本来の動きを取り戻すと、チームの攻撃にもリズムが生まれた。5勝1敗と星を伸ばし、対抗戦締めくくりの伝統の一戦は、宿敵・早稲田大学と優勝を懸けた早明戦となった。

12月6日、東京・秩父宮ラグビー場は好天に恵まれた。対する早大には前季の全国大学選手権決勝で敗れており、雪辱を懸けた一戦。コロナ禍でも忘れることのなかった「打倒！　早稲田」の思いを存分にぶつける80分となる。

キックオフ直前の円陣で、箸本は仲間に語りかけた。

「ミスは怖い？　準備をして、不安要素をなくしてきたから怖くないよね。グラウンドに立てる立場に誇りを持ち、自信を持って戦おう」

控え部員たちの思いも背負って戦う覚悟を求めて奮い立たせた。

開始早々から、明大の重戦車FWは威力を発揮し、バックスは縦横無尽に駆け回った。前後半で5トライを重ね、34―14で完勝した。対抗戦連覇を遂げ、箸本は最優秀選手に選ばれた。

箸本は試合後のインタビューで「今年はコロナで難しい期間だが結果が出てよかった。早稲田戦に向け、今までで一番の準備をしました。（登録メンバーの）23人だけでなく、一緒に練習したみんなの成果です」と充実感を漂わせた。チームが今季、最も輝きを放った試合だった。

チーム運営で箸本を支えてきた主務の松下忠樹（22）＝経営学部4年＝は「最初は頼りなくて、龍雅が主将で大丈夫かと心配だった。でも先頭に立ち、まとめ上げてくれた」と振り返る。戸惑いながら歩む箸本を見守ってきた田中監督も「主将として人と関わる難しさを経験し、発言もしっかりしてきた。以前とは別人。大きく成長した」とたたえた。

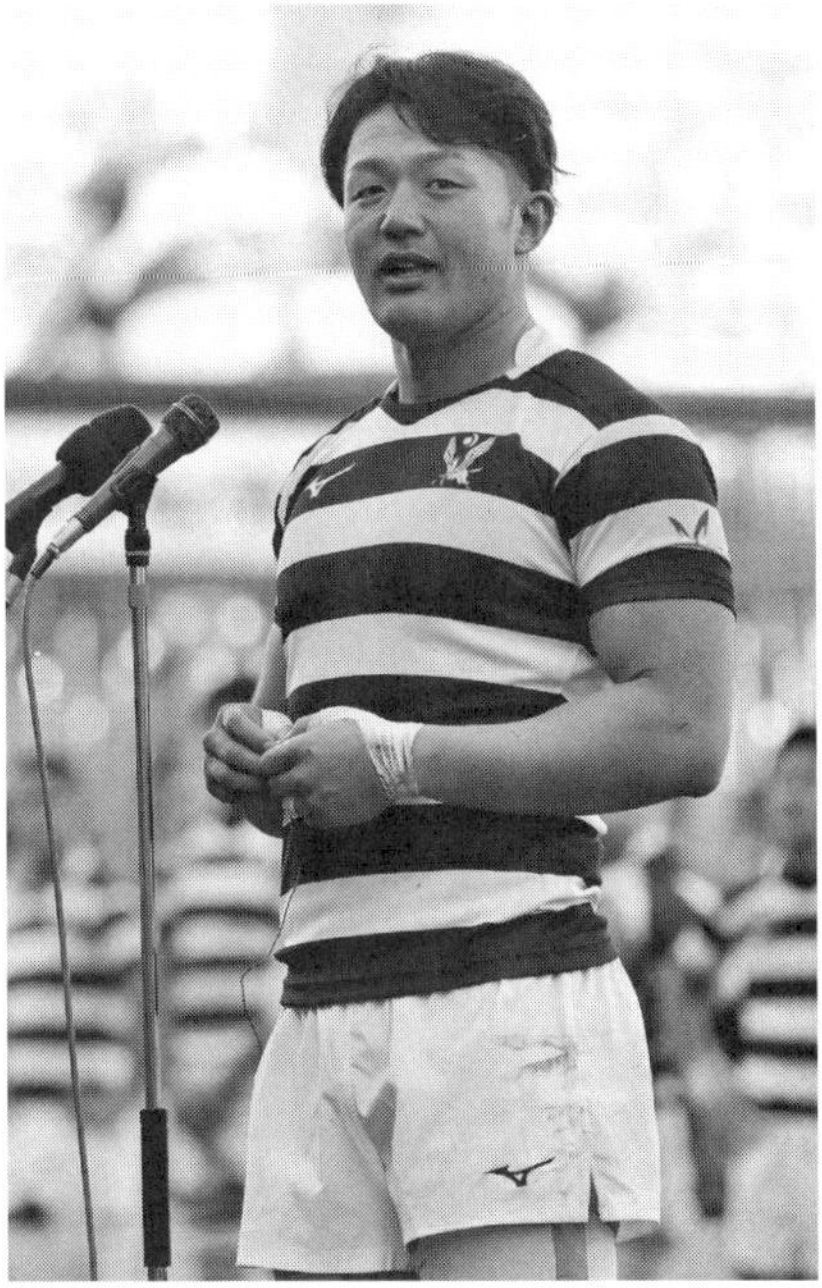

早明戦に勝利し関東大学ラグビー対抗戦2連覇を決めた明治大学の主将・箸本龍雅の表情には、充実感が満ちていた（東京・秩父宮ラグビー場で2020年12月6日＝滝川大貴撮影）

W杯フランス大会を見据え、再び走り出す

勢いづいた明大だったが、年明けの全国大学選手権準決勝では天理大に及ばず、日本一のタイトルを逃した。感染防止のため、箸本は敗退翌日の1月3日、寮の荷物をまとめて福岡県宗像市へ帰省した。天理大の圧力の前にFW戦で屈したことが悔しく、「もっとできたのでは」との思いは拭えない。1月8日、再び東京では緊急事態宣言が始まり、大学は部活動が原則禁止となった。卒業式は3月に予定されているが、感染状況は見通せず、卒業までに再び仲間と顔を合わせられるか分からない。最後のミーティングの夜、同期と交わした「もう集まれないかもしれないな」という言葉を思い出すと寂しさが込み上げる。

それでも次への一歩は踏み出している。帰省3日後から自主トレーニングを始めた。次に目指すのは2023年ワールドカップ（W杯）フランス大会だ。トップリーグのチームに内定しており、1年目から出場して日本代表入りをアピールするつもりだ。新天地に向け、故郷で再始動した箸本の姿に、ラグビーの道を突き進むことを応援してきた母の美佐子さん（64）は目を細める。

「小さなころから外で遊ぶのが好きな子だったから、コロナ下で外出できずに大変だったと思います。でも、やりきった。しっかりとした大人になりました」

コロナの試練の中、伝統校の大所帯をまとめ上げたその背が頼もしく映る。「厳しい世界だが、これからも努力を続けて前に進んでほしい」とエールを送る。

箸本は「明治という成長できる環境に身を置かせてもらい、仲間や親、支えてくれた人に感

謝しかない。トップリーグでも壁にぶつかると思うが全力でチャレンジする」。異例のシーズンを乗り越え、かけがえのない自信を手にした。

箱根駅伝「まさか」を起こした挑戦者たち

創価大学陸上競技部駅伝部
三上雄太

2021年正月の東京箱根間往復大学駅伝競走で駅伝ファンを最も驚かせたのは、13年ぶりに総合優勝を果たした駒澤大学でも、連覇を逃して4位に沈んだ青山学院大学でもない。4回目の出場で初の往路優勝、そして総合2位と大躍進した創価大学だった。

赤と青の鮮やかなストライプのユニホームは箱根路を強気に駆け抜けた。往路4区でトップに立ち、そのまま先頭を走り続けた。復路9区を終え、2位の駒大には3分19秒の大量リード。初優勝が見えてきた最終10区、残り約2キロで駒大に逆転を許した。そんな劇的な展開は、多くの人の記憶に刻まれた。立役者の一人で主要区間である山上りの5区で区間2位だった「激坂王」、三上雄太(21)=文学部3年=は率直に話す。

「入学時は、箱根に出られればすごいと思う程度でした。まさか……」

創価大の陸上競技部は1972年創部。1982年から箱根駅伝の予選に参加したが、本大会出場まで30年以上もかかった。初出場した２０１５年は20位、２０１７年は12位でシード圏外だった。しかし２０２０年に9位に入って初のシード権を獲得すると、今回は準優勝。新興校は急速に成績を伸ばした。その背景には、大学と実業団でエリートコースを歩んできた榎木和貴監督（46）の存在があった。

榎木監督は中央大学在学中に4年連続で箱根駅伝に出場し、往路の4区で2回、復路の8区で2回区間賞を獲得。3年生の時には総合優勝を果たし、実業団の名門・旭化成に進んだ。引退後はトヨタ紡織のコーチ、監督を経て、地元宮崎に戻ってジュニア選手の指導などをする予定だったが、創価大から誘いを受けた。

２０１９年2月、チームの指揮を任された榎木監督は、こう宣言した。

「これまでのやり方と大きく変わることがあるかもしれないが、受け入れてやってほしい。結果については全責任を負う」

故障防止と基礎体力作りのため、１カ月の走行距離として月７５０キロの目標を設定した。ＧＰＳ（全地球測位システム）の付いた腕時計を使い、個々の部員の練習状況を全員で共有して競争心を植え付けつつ、けが人のケアにも気を配った。上から押しつけることはせず、一人ひとりとの対話を重視した。

勝ち取った2位ではない、次が本当の勝負

成長した一人が、三上だった。遊学館高校（石川）時代は全国レベルの選手ではなく、陸上

は高校でやめる予定だった。中学時代の外部コーチが遊学館から創価大に進んでいた縁もあって入学したが、「箱根への憧れなど一切なかった」と振り返る。1年時の終わりに榎木体制に変わると、意識が変わった。

「榎木さんは頭が良く、理路整然と目指す方向を説明してくれる。オフの時には父親のように選手と距離が近い。この人に付いていこうと思いました」

2021年の箱根駅伝5区で力走する三上雄太。区間2位で往路優勝のフィニッシュテープを切った(神奈川県箱根町で2021年1月2日＝代表撮影)

以前は1カ月の走行距離が500〜600キロ程度だったが、750キロをコンスタントに走ることで着実に力をつけた。2020年の春は新型コロナウイルスの影響でチーム全体での活動はできなかった。それでも岡山県内の実家に帰省中も継続して走り続けた。2020年11月、箱根5区の前哨戦として箱根の観光有料道路の上りコースで行われたイベント「激坂最速王決定戦」で優勝。自信を胸に臨んだ箱根駅伝本番では、5区で区間2位の快走を見せた。往路優勝のフィニッシュテープを切り、気がつけば涙がこぼれてきた。「追いつかれるかと思いましたが、トップを守れました。苦しさ、うれしさ、いろいろな感情がグチャグチャになりました」

翌日の復路、三上はフィニッシュ地点でアンカーの小野寺勇樹（21）＝経営学部3年＝を待つ役割を担った。駒大に抜かれた瞬間は、映像で見ていた。「優勝争いをして、（前回から大きく躍進して）2位になっているのに悔しいと思える。不思議な気持ちでした」。フィニッシュ直後は淡々としていた小野寺だったが、コーチが「泣くなよ」と冗談めかして声をかけると、途端に号泣した。三上も、もらい泣きしそうになったが必死に涙をこらえた。

2020年度は、どの大学も新型コロナの影響で練習や大会が思い通りにいかないシーズンを過ごし、箱根駅伝に臨んでいた。スピードをつけにくい強い向かい風も含めて、番狂わせが生じる条件は整っていた。三上も状況を理解し、「勝ち取った2位ではなく、他が失敗しての2位」と捉えている。2022年正月、真の実力が問われる。

運命を努力で変えた、「最初で最後」の箱根を走った3位の立役者

東洋大学陸上競技部
野口英希

新型コロナウイルス感染拡大の影響で沿道応援の自粛が呼びかけられた2021年の東京箱

根間往復大学駅伝競走。総合優勝を果たした駒澤大学、2位に躍進した創価大学に次いで総合3位に入ったのは、鉄紺の東洋大学だ。その裏には「最初で最後の箱根」に懸けた4年生の姿があった。

東洋大陸上競技部は他の強豪大学と異なり、新型コロナの影響で寮が閉鎖され、全部員が一時帰省した。限られた練習環境の中で、東洋大が3位を確保する立役者となったのは、無名の存在ながら8区で区間2位と好走した野口英希(22)=理工学部4年=だ。野口は大会前、酒井俊幸監督(44)にこう言い切っていた。よどみなく、何かをそらんじるかのように。

「8区ならば、後半の遊行寺《ゆぎょうじ》の上り坂まで余裕を持って走り、そこからスタートするような気持ちでいけば最後まで走り切れます」

1月3日、復路の7区を走った同期のエース・西山和弥(22)は前半のハイペースがたたって失速し、ひとつ前を走る3位・東海大学との差は46秒まで広がった。目標だった3位以内へ危機的状況にも、「ラスト」に強い野口の表情は研ぎ澄まされていた。「ここでチームを立て直す」と気負いなく初の箱根路を駆け出すと、中盤で東海大を抜き去り、3位に上がった。勢いは最後まで衰えず、東海大に1分37秒先着。「役割を果たせた」と満面の笑みでたすきをつないだ。

箱根駅伝ファンでも、野口の名前を知っていた人は少なかっただろう。埼玉県立松山高校時代は全国大会に出場できず、東洋大の同学年で唯一、一般入試から陸上部に入った。大学3大駅伝の出雲全日本大学選抜駅伝、全日本大学駅伝、箱根駅伝のいずれにも出場経験がなく、陸上専門誌が作った箱根駅伝事前ガイドでも、エントリー候補約20人の一覧に名前はなかった。しかし、酒井監督は「野口は必ず走れると確信を持って送り出した」と打ち明ける。

異例の一般入試からの入部

高校時代の野口にとって、箱根駅伝は縁遠い場所だった。個人種目では大学で続けられるほどの成績を残せず、「陸上人生最後のレースになるかもしれない」と考えて出場した高校3年秋の全国高校駅伝埼玉県予選で、エース区間の1区で望外の区間賞を獲得し、運命が変わった。松山高の青木美智留・長距離監督（43）と酒井監督につながりがあり、一般入試からの入部を認められた。

東洋大は箱根駅伝で4度の総合優勝を含め、2009年から2019年までトップスリーを維持してきた名門だ。1年時から大学3大駅伝で活躍する西山ら同期のエリート選手と野口の力の差は大きく、「入学当初は何となくなじめなかった」と振り返る。さらに暑い時期が苦手で、夏に必ず調子を落として故障を起こした。

2020年3月、コロナの影響で寮が閉鎖される前に野口だけは先に寮から出て、埼玉県吉見町の実家へ戻った。同県川越市にある大学の練習拠点まで約15キロと近く、就職活動に集中するための判断だった。1度目の緊急事態宣言が解除された後の6月下旬に寮が再開し、少しずつ部員が戻り出しても、就活を終えた野口はなかなか帰寮できなかった。コロナ対策で寮内の密を避けるため、駅伝のメンバー候補を優先して帰寮させたためだった。夏合宿のメンバーからも漏れた。週に2、3回のハードな練習は大学に行ってチームメートと一緒に走るが、他の日は自宅近所を1人で走った。「箱根の可能性はないな」と内心思っていた。

父・満さん(48)から「中途半端な気持ちではやるな」と言われ、「大学の陸上競技をどのような形で終えるべきか」と自問自答した。

「4年間、チームに何も貢献できていない。せめて、チームの底上げに貢献しよう。自分が個人で良い記録を出せば、みんなに『寮外生のあいつが走ることができるのだから、自分も走れないわけない』と刺激を与えることができる」

そう考え、11月に早稲田大学で開かれる記録会で自己ベストを目指すと決めた。それが最後のレースになる可能性があったからだ。

「失うものは何もない」箱根への覚悟を決めた

苦手な夏場は、少しでも暑さを避けようと地元の湖畔で木陰がある1周1・6キロの道を淡々と1人で走った。偶然、高校生の練習の引率で野口と会った恩師の青木監督は「箱根に出られないかも、と思いながらも、練習はしっかりやっていた」と述懐する。チームメートと合宿で走り込む例年の夏に比べ、練習の質、量とも落ちたが、野口は「単独でもリズムを崩さずに走り続ける力がついた」と自信をつかみ、故障もせずに夏を乗り切った。

そして、高校時代同様、競技人生最後のレースになるかもしれないと覚悟して臨んだ11月21日の記録会で運命がまたも変わる。1万メートルで自己記録を20秒以上更新する28分56秒48を出した。28分台はトップ選手の指標だ。タイムを見た野口は「大変なことになった」と目を見開いたが、周囲の見方は違った。青木監督は驚かなかったという。

「力があるのに自信がなく、自ら後ろに下がってしまうが、『ラスト』で開き直った時は結果を出す。それも雑草のように最後の最後まで頑張れるタイプだからできること」

野口の地道な努力をたたえる。

12月から寮へ戻ることになり、酒井監督から「箱根のチャンスがあるぞ」と告げられた。最後のチャンスを前に「失うものは何もない。今までは自分で諦めてもったいないことをしていた。最後にできる限りの悪あがきをしよう」と集中して好調を維持した。

走る可能性のある区間のコースのポイントや過去のペース配分も自ら専門誌で調べた。酒井監督は「集中力を増した時の野口は表情が一変する。安心して8区を任せられると思った」と振り返る。予感は見事に的中した。

つないだ「自立と自律」のたすき

野口の走りは今後のチームにも大きな意味を持つ。前回の箱根駅伝では主要区間で2人が区間賞と快走したが、チームは10位と低迷し、連続3位以内が11年で途切れた。エース格の選手だけに頼ってしまい、他の選手の意識が甘くなったことが原因のひとつだった。そこで、酒井監督が選手たちに求めたことが「自立と自律」。全員での活動ができない分、酒井監督は「乗り越えれば真の力がついてくる」と捉えていた。

2021年正月の箱根駅伝、平塚中継所で7区の西山和弥（右）からたすきを受け、最初で最後の箱根路を駆け出す野口英希。区間2位の走りで東洋大学の3位に大きく貢献した（神奈川県平塚市で2021年1月3日＝代表撮影）

今回は区間賞はゼロだが、全員が粘り強い走りでつなぎ、定位置のトップスリーに戻ることができた。前回3区の区間13位だった主軸の吉川洋次（22）は4区で区間6位と健闘した。春先に地元の栃木に帰省していた際に、両親らに支えられ走れていることを再確認できた。7区で区間12位と力を出せなかったエースの西山も「仲間のおかげで3位に入れた」と、周囲への感謝を口にした。酒井監督は「帰省して1人で練習するなど個々で自分自身と向き合う時間が増え精神的に成長できた。特に野口はこのやり方がはまった」とたたえる。

4年生の引退式は1月3日の箱根駅伝後に行われた。4年生たちは「今シーズン行ってきたことは今後のベースとなる」と口々に語ったという。「世界への挑戦」を掲げてきた酒井監督はその意味を熱い口調で補足した。

「世界のいろいろな場所に行って練習する学生が出てきた時、ひとつの寮でまとまっていないと練習できないという考え方では通用しない。別々の場所でも情報共有しながら活動することを認められるチームになっていきたい。結果だけでなく、本当に意味のある年だった」

新型コロナウイルスの感染拡大に伴い、新チームはスタート早々に自主練習となった。しかし、酒井監督は「自立と自律」を体得した選手たちを信じ、全く心配していないという。人々が絶望に包まれた２０２０年のコロナの暗闇。その先の明かりが確かに見えた。

野口には後日談がある。１月３日の引退式後、酒井監督に「（2月28日の）びわ湖毎日マラソンに出ます」と告げた。卒業後に実業団で競技を続ける吉川や西山と異なり、4月からは自動車の部品を製作する企業に就職するため、走ることは趣味の一環となる。練習に集中できる学生の間に一度、フルマラソンを走りたかった。陸上部は活動自粛となったこともあり、自ら作った練習メニューをこなした。しかし結果は2時間19分7秒で１６１位だった。目標の2時間12分台は遠く、悔しさだけが残った。

２０２１年2月のびわ湖毎日マラソンに出場した野口英希。感染拡大で陸上競技部は活動自粛中のため、個人参加扱いで「鉄紺」のユニホームは着なかった（滋賀県大津市の皇子山陸上競技場で２０２１年2月28日＝望月亮一撮影）

「今回のレースが人生のピークだと思っていたが、まだまだだった。練習で40キロを2回しか走らなかったため、足作りが十分でなかった。40キロ走をもう少し積んで臨めば、もっといい記録が出る。社会人で自由な時間は少なくなるが工夫してやっていきたい」

コロナ下で磨かれた自主性は、市民ランナーとしても生き続ける。

本番直前の主将離脱を乗り越え、一体感でつかんだ復路優勝

青山学院大学陸上競技部
神林勇太

新型コロナウイルスは、大学駅伝を引っ張ってきた実力校にも暗い影を落とした。

正月の風物詩、東京箱根間往復大学駅伝競走。２０２１年１月２日朝、13年連続26回目出場の青山学院大学は、連覇を目指して東京・大手町のスタートラインに立った。

だが、フレッシュグリーンのたすきが往路のフィニッシュ地点である芦ノ湖畔に現れたのは、次回大会のシード圏外である12番目。往路での２桁順位は16位だった２０１１年大会以来だった。トップの創価大学とは7分35秒差、距離にして2キロ以上も先を行く相手を追いかけることになった。これには原晋監督（53）も「ゲームオーバーですね。（総合）優勝を目指すと言え

ばうそになる」と早くも白旗を揚げざるを得なかった。

予兆はあった。2020年11月の全日本大学駅伝では、駒澤大学、東海大学、明治大学の後《こう》塵《じん》を拝して4位。8区間のうち、2桁順位の区間が3と波に乗れない「凸凹《でこぼこ》駅伝」（原監督）だった。

チームはもともと箱根駅伝から逆算して仕上げる「青山メソッド」を持つ。その点では、この大会の敗戦も「メソッド」の過程に過ぎないはずだった。だが、今季は新型コロナウイルスの影響で多くの大会や記録会が中止・延期に追い込まれた。独自の指導法や戦術眼を持つ原監督も「（選手の）速さは見られても、（競り合いの）『強さ』というキーワードがなくなったのは事実。『ガチンコレース』が少なかった分、他大学の戦力分析も含め、強さを判断する場面が少なかった」と嘆くしかなかった。

わずか30メートルの力走

ただし一番の誤算は、別のところにあった。主将でチームの精神的支柱、神林勇太（22）＝地球社会共生学部4年＝が、箱根直前に離脱したことだった。12月中旬に痛めた右足内転筋や臀《でん》部《ぶ》は完治したものの、1カ所だけなかなか痛みが引かない場所があった。

12月28日、詳しく調べた結果、仙骨の疲労骨折が判明した。5日後に迫った本番は、とても出られない。原監督の胸中は複雑だったという。

「仮に（神林が）途中で歩いて駄目になっても、俺は神林を使いたかった。どうしても。それだけ彼は1年間チームを引っ張ってきた。肉体的にも精神的にも彼のチームだった。棄権して、シード権を逃してでも彼を使いたかった」

そんな監督の思いを察したのか、神林は自ら欠場を申し出た。「折れていたので、自分の中では無理だと分かっていた」。自らのエゴでチームを犠牲にすることだけはできなかった。断腸の思いで決断した原監督は、本来選手が決めるはずの給水メンバーに「越権行為」で神林を指名した。

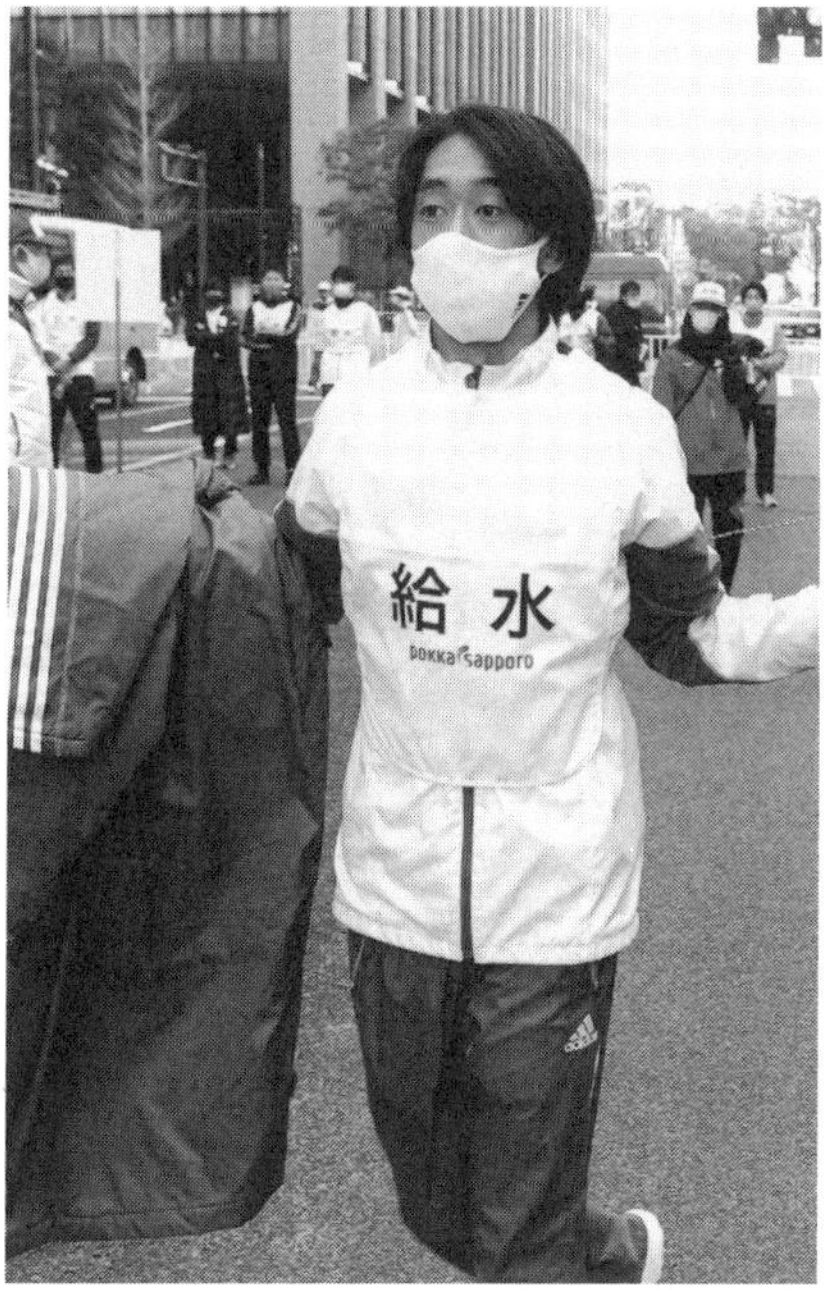

第97回箱根駅伝のゴールで待ち構える神林勇太主将。給水係として9区で並走しながら後輩を鼓舞した（東京都千代田区大手町で2021年1月3日＝代表撮影）

「一番、テレビにも映るだろうし、一番長い距離を走れる9区の給水ポイントに神林を、と。それだけはお願いしますと（他の学生に）伝えた」

神林にとっては、わずか数秒、そして30メートルだけの箱根駅伝だった。自身が前回走った区間で、並走しながら慣れない手つきで水を渡した。「僕の分まで頑張ってくれ」と願いを込めながら後輩ランナーを鼓舞した。運営管理車に乗っていた原監督も、たすきをつなぐランナーたちに「神林以上の

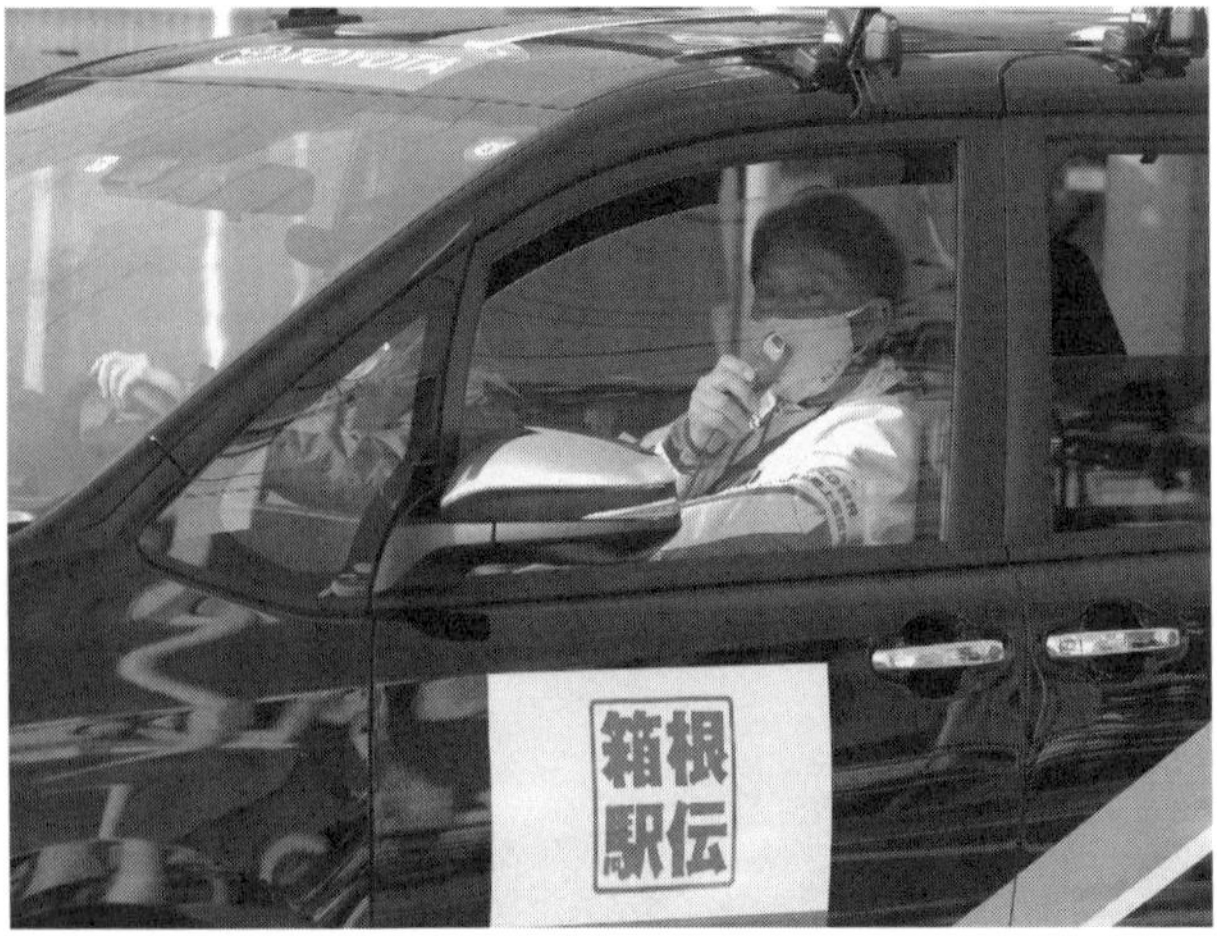

運営管理車から指示する原晋監督（神奈川県平塚市で2021年1月3日＝代表撮影）

走りをしよう」と呼びかけた。

往路の低迷で吹っ切れたのか、復路の選手は重圧を感じさせなかった。それぞれが安定した走りを見せ、青学大は総合優勝した駒大を2秒上回り、復路優勝を成し遂げた。

大手町に戻り、選手たちを出迎えた神林の表情は明るかった。

「みんなが奮起したと思います。もちろん、僕としては箱根を走れなかったことへの悔しさはどうしても残ります。だけど、人生の中で一番頑張った1年間だと思う。そこに悔いはないです」

神林は卒業後、箱根駅伝のスポンサーで大手飲料メーカーのサッポロビールに就職。今度は箱根を支える側に回る。原監督は「彼の人生に苦難もあると思うが、これ以上の苦難はないだろう。社長を目指して頑張ってほしい」。最後まで役目を全うした主将にエールを送ると、目を潤ませた。

オンラインを駆使し、実戦感覚を養う——冷静な取り組みが連覇をもたらした

桐蔭学園高校ラグビー部
佐藤健次

勝利を重ねても、感情を表に出すことはあまりない。そんな大人のチームがようやく高校生の顔に戻って朗らかに笑い、グラウンドで跳びはねたのはフィナーレの瞬間だった。「花園」の名で親しまれる全国高校ラグビー大会。2021年1月9日、東大阪市花園ラグビー場で開かれた第100回記念大会の決勝で、桐蔭学園高校（神奈川）は京都成章高校（京都）を32—15で降し、2大会連続3回目の優勝を果たした。新型コロナウイルスの感染拡大で無観客開催となった大会は、「王者・桐蔭」の歓喜のシーンで締めくくられた。

いつも冷静な主将のNO8佐藤健次（18）は、コロナ下でも基本を大切に土台を築いてきた日々を思い返し、うつむき加減にはにかんだ。

「目標としていた単独優勝ができて、ほっとしています。花園期間中も、成長し続けることができました」

突然の活動休止、自宅での自粛生活、ラグビーから離れた日々……。当たり前だった日常を失っても前向きに歩を進めようとしたこの1年は、決して無駄ではなかった。

第１００回全国高校ラグビー大会の決勝で史上9校目の連覇を成し遂げ、笑顔を見せる桐蔭学園高校の選手たち（大阪府の東大阪市花園ラグビー場で２０２１年1月9日＝小出洋平撮影）

「立ち止まっても仕方がない」

新型コロナの影は、９大会ぶり2回目の優勝を果たした第99回大会でも、ちらついていた。桐蔭学園高は２０１９年末から大阪府内のホテルに宿泊していたが、藤原秀之監督（52）は関係者が「中国の方から肺炎のウイルスが入っています。気をつけてください」とチームのスタッフに注意喚起する姿を目にした。春先から感染は急速に広がり、２０２０年7月まで約4カ月間も本格的な全体練習ができなくなった。

藤原監督は「感染状況は全くコントロールできない。それは仕方がないので、コントロールできることに意識を集中しよう」と選手に呼びかけ、ウェブ会議ツールを活用したミーティングやトレーニングを導入した。「立ち止まっても仕方がないと思った」と佐藤。その思いは、チーム全員の意思でもあった。

チームで行う週1回のミーティングでは、自分たちや先輩らの試合の映像を見ながら、適切な状況判断やプレーの選択について意見を交わし、実戦感覚を養おうとした。画面越しでのやり取りのため、自分の考えを整理して言葉にしなければ、うまく伝わらない。自然にコミュニケーション能力が高まった。いざグラウンドに戻った時、培ったコミュニケーション能力は、連係プレーでの「声かけ」に生きたという。さらに鍛えたスピードやパワーを最大限発揮するため、体の使い方を指導するコーチから、定期的にオンライン指導を受けた。

佐藤は自粛期間中に身体能力の向上を図ろうと、自身が主将を務めたU17（17歳以下）日本代表でチームメートだった全国のライバルたちと、オンラインで合同練習をした。学校の垣根を越えて筋力トレーニング、長距離走などの練習メニューや成果を共有しながら切磋琢磨《せっさたくま》した。同世代の仲間たちとともに、閉塞感が漂う社会の中でも平常心を保った。

佐藤は「体が大きくなり、走力も上がった」と手応えを感じた。全体練習はなくても自己管理を徹底し、いつでも試合をできるようなコンディション作りに努めた。2002年に就任し、桐蔭学園を「東の横綱」に育て上げた藤原監督は「（自主）トレーニングしてきたのだなと分かったし、タフだと思った」と感心したという。

コロナを乗り越え、ダイナミックなラグビーを

夏に全体練習を再開したものの、実戦の機会は失われたままだった。毎年春に行われる全国高校選抜大会などの公式戦に加え、長野県の菅平高原での夏季合宿もかなわず、全国の強豪との練習試合などを行えなかった。練習してきたことを実戦の場で試し、改善しながら糧にする

大阪朝鮮高級学校との準決勝で、主将の佐藤健次が相手タックルを振り切り突進（大阪府の東大阪市花園ラグビー場で2021年1月5日＝藤井達也撮影）

という当たり前の強化は不可能になった。まともな実戦経験を積めないまま、秋を迎えた。

全国高校大会神奈川県予選で6連覇を果たしたものの、決勝では東海大学付属相模高校に19—17で辛勝。FWが接点で圧力を受け、自慢のバックスへいい形でボールを回せずに苦戦した。それでも試合を重ねるにつれてチームは成熟していった。映像研究を通じてラグビーの知識を高め、意思疎通を図ってきたことが下地となり、成長は加速した。

全国高校大会1回戦で強豪の茗渓《めいけい》学園（茨城）を36—7で降し、準々決勝では前回大会準優勝の御所実業高校（奈良）を50—7で圧倒。準決勝では大阪朝鮮高校（大阪第2）に40—12で快勝した。FWとバックスが一体となってボールを大きく動かすダイナミックなラグビー。桐蔭学園の伝統は着実に根付いていた。

全国屈指の堅守を誇る京都成章との決勝では先取点を許したものの、全く動じなかった。3点を追う前半19分、ゴール前の接点でFWが圧力をかけると、

187センチ、110キロの大型ロックの青木恵斗《けいと》（18）が密集を文字通りに飛び越えて勝ち越しのトライ。前半終了間際に同点とされたが、後半開始直後、攻撃的な防御で好機をつかんだ。相手陣の深い位置で前に出る防御で圧力をかけ、パスミスによるこぼれ球をフランカーの粟飯原《あいはら》謙（18）が拾い、試合の流れを取り戻すトライを決めた。

決勝を前に佐藤が口にした「チームとしてコロナの大変な時期を乗り越え、学んだことを決勝のグラウンドで表現したい」との言葉は、現実のものとなった。体を張り、ひたすら前へと突き進む選手たちのプレーは、コロナ下で地道に練習に励んだ姿勢を体現していた。そんな教え子たちの姿は尊かった。普段はグラウンドで厳しい表情を崩さない藤原監督はマスク越しにほほ笑んだ。

「1センチでも前に出ることをテーマに挙げていた。努力がこうして実って良かった。選手が日に日に大きくなっていることを感じた」

感慨深げに話した。

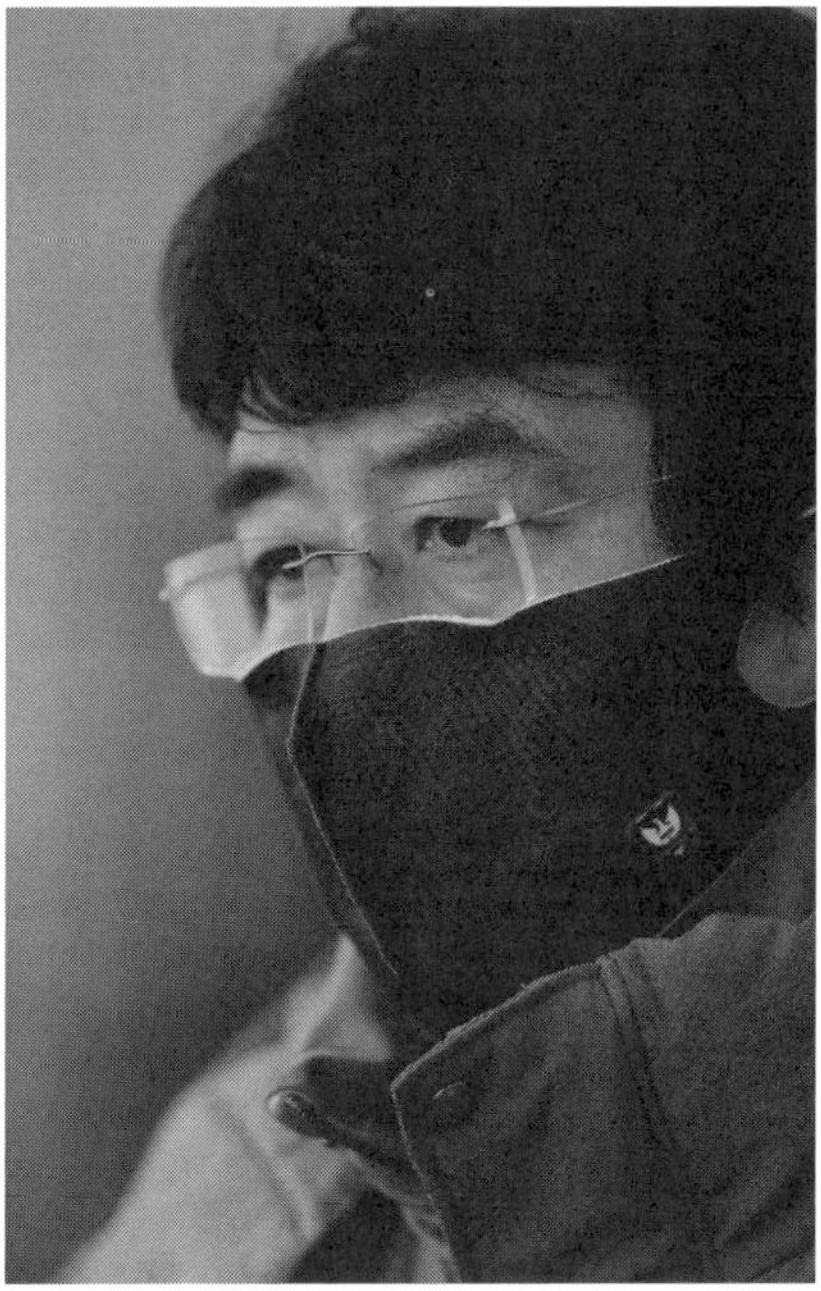

連覇を成し遂げた桐蔭学園高校の藤原秀之監督（大阪府の東大阪市花園ラグビー場で2021年1月9日＝久保玲撮影）

177センチ、94キロ。トップ選手の中に入れば目立つ体格ではない佐藤は、努力の末に栄冠をつかんだ。

「大変な時期を乗り越えてきた仲間と優勝できて、すごくうれしかった」

困難を前にしても立ち止まることのなかった、この1年を糧に人生を切り開く。

全国大学ラグビー選手権で初優勝し、喜びを爆発させる天理大学の選手たち。
前列右端が左腕でガッツポーズを作る市川敬太、
前列右から4人目が優勝トロフィーを手にするシオサイア・フィフィタ
（東京・国立競技場で2021年1月11日＝代表撮影）

第5章 2021年 春

卒業を迎え、それぞれが新しいステージへ

「全ては上井草にあり」——第103代主将として伝統の教えを継ぐ

早稲田大学ラグビー部
丸尾崇真

肌寒さの中に春の気配が漂い始めた2月7日、早稲田大学ラグビー部の上井草グラウンド（東京都杉並区）で、4年生部員の「追い出し試合」があった。青空の下、主将のNO8丸尾崇真（22）は4年間踏みしめた芝に立った。何度も部員に言い含めてきた言葉を思い起こす。

「全ては上井草にあり」

丸尾はこれでラグビーの第一線を離れ、小学校から背負い続けてきた「ワセダ」のブランドからも卒業する。湿っぽい涙はない。「やりきった」がゆえの、晴れ晴れとした門出だった。

1月11日の全国大学選手権大会決勝で天理大学に28—55で敗れてから約1カ月。追い出し試合は、4年生が伝統の「赤黒ジャージー」に袖を通す最後の機会となった。例年なら保護者に最後の雄姿を披露する場でもあるが、新型コロナウイルスの感染拡大に伴う緊急事態宣言の発令中だ。無観客での開催となり、ひっそりとしたグラウンドで4年生部員29人が後輩たちを相手に楕円《だえん》球を追った。そして静かにジャージーを脱いだ。

試合後は、大学の大隈記念講堂（東京都新宿区）で「予餞会《よせんかい》」が開かれた。去りゆく4年生が、後輩に一言ずつメッセージを残す。「今できることを全力でやらないと、4年生になって後悔するぞ」「あの時、ああしておけばよかったと思っても遅いぞ」。後輩への激励が続く中、最後

「追い出し試合」で約1カ月ぶりに赤黒ジャージーに袖を通し、チームメートと談笑する丸尾崇真主将（中央、背番号8）（東京都杉並区の早稲田大学上井草グラウンドで2021年2月7日＝早稲田大学ラグビー部提供）

に登壇した丸尾ははっきりと言った。

「後悔とか、そんなものは一切ない。俺はやりきった」

　丸尾のラグビー人生は常に赤黒ジャージーとともにあった。2005年に早稲田実業の初等部に入学して以降、中等部、高等部と進んできた。その歩みは2学年上の兄・隆《りゅう》太《た》郎《ろう》さん（24）と同じ。「自分で選んだわけではありません。例えば兄が慶応に進んだなら自分も慶応だったと思います。ある意味運命だった」という。

　ラグビーを始めたのも兄の影響だった。幼少のころから水泳やサッカー、テニス、時には流鏑馬《やぶさめ》なども習い、嫌になってやめたものもあったが、ラグビーだけは続けた。

　小学生のころ、早大ラグビー部が圧倒的な強さを誇っていたのをテレビの前で眺めた。後に日本代表となったFB五郎丸歩（35）＝ヤマハ発動機＝に憧れ、キックの練習をした。

丸尾が大学に入学した時、早大は２００８年を最後に大学日本一から遠ざかっていた。「幼いころに見ていた強いワセダに憧れていたし、自分たちがそうなりたかった」そんな思いを胸に、丸尾は1年からレギュラーとして活躍した。

強烈な突破力や接点での働きぶりは他大学の脅威だった。1学年上には、ＳＨ斎藤直人（23）や、ＣＴＢ中野将伍（23）ら、「スーパーラグビー」の日本チーム「サンウルブズ」でもプレーしたスタープレーヤーがそろっていた。前季は、斎藤らの活躍で王座に返り咲き、日本一になった時にしか歌うことを許されない部歌「荒ぶる」を11季ぶりに熱唱した。

最高学年となった今季、丸尾は主将として連覇を託された。実は２０２０年春の時点で、ラグビーには大学で一区切りつけることを決めていた。複数のトップリーグのチームから誘いを受けていたが、「自分は何のためにラグビーをやるのかと考えた時、ワセダ以上のものが見つからなかった」。相良南海夫監督（51）にも相談した。「ワセダが全てじゃないぞ。違うところで新たな価値観を得ることもある」と諭されたが、「ワセダで燃え尽きたい。先は考えたくない」とかたくなだった。

スター不在、それでも価値ある戦いを

全てをぶつける覚悟で始まった最後のシーズン。だが、いきなり壁に直面した。ひとつは新型コロナ。２０２０年春の緊急事態宣言でチーム練習の休止を余儀なくされた。もうひとつが戦力の低下だ。斎藤らが卒業し、「スター不在」になった。丸尾は言う。

天理大学との全国大学選手権決勝前、気持ちを高める丸尾崇真主将（先頭）ら早稲田大学の選手たち（東京・国立競技場で2021年1月11日＝代表撮影）

「正直、厳しいだろうな、と。実力的に低い学年だった」

できることは「コツコツ地道に頑張る」ことだけだった。

無人のグラウンドの片隅で柱にタックルバッグを立て掛け、1人でタックルやジャッカルの練習をした。

シーズンがあるかどうか分からない中で下級生の心が折れないよう、上級生と下級生が交じったグループを作ってオンライン会議を重ね、心身をサポートした。

ストレスから「外出したい」と嘆願してきた部員には、丸尾自ら「本当に今それが必要なのか。今、何のためにこうしているのか考えてくれ。日本一のためだろう」と説得した。結果的に一人の感染者も出さず、2020年10月の関東大学対抗戦の開幕を迎えた。丸尾は「4年生の真面目さが、いい方向に出た」と目を細める。

シーズンでは、「5年生」としてチームに残ったFW大平純造（23）が関東対抗戦初出場を果たした。丸尾の1学年先輩ながら、4年間で一度もレギュラーになれなかった悔しさから自ら留年を選択して悲願をかなえた。競技未経験で大学からラグビーを始めたFW坪郷智輝（23）は、関東対抗戦の帝京大学戦で最優秀選手に輝いた。

大平も坪郷も厳しいレギュラー争いの中でやがて控えに回った。それでも、腐らずに対戦校を研究して「仮想敵」としてレギュラー組の練習相手となり、チームに貢献した。終わってみれば、大学選手権決勝まで勝ち上がり、最後の最後までシーズンを堪能した。

結果は無冠だった。関東対抗戦は最終節で宿敵の明治大学に敗れて優勝をさらわれ、大学選手権大会決勝では天理大学に圧倒された。だが相良監督は言う。

「前年から『大駒』が抜け、コロナで制限があった中で、一人ひとりが工夫して決勝までたどり着いた。ある意味『荒ぶる』を歌う以上に価値があった」

監督の言葉を胸に新たなステージへ

丸尾らとともに相良監督はこの春で退任する。実は、2018年の就任時、ひそかな使命を抱いていた。

「もう一度、『ワセダらしさ』を取り戻す」

覇権から遠ざかる中で、泥臭さや一体感を失いつつあったことに、OBの一人として危機感を抱いていた。

相良監督が大切にしてきた言葉は「全ては東伏見にあり」だ。自ら早大で主将を務めた

1991年、OBで元日本代表監督の宿沢広朗さん（故人）から授かった言葉だという。当時、早大ラグビー部のグラウンドがあったのが東伏見（東京都西東京市）で、「練習以上のものは試合では出せない」という教えだ。日々の練習で全力を尽くしているか。詰めが甘くないか——。そんな思いを込めて、相良監督自身も学生に「全ては上井草にあり」と教え込んだ。その言葉は、いつしか丸尾の口から部員に向けられるようになった。

「ワセダらしさとは、どんな状況でも勝つために考え尽くして、やれることをやりきること」と丸尾は言う。タイトルに届かずとも、103年の歴史に根付いたカルチャーがまた次の世代へ引き継がれたことを見届けた相良監督は、「役目は果たしたかな」と語る。予餞会の後、打ち上げもできずに解散する4年生たちに相良監督はそっと言った。

「社会人になってからになるかもしれないけど、みんなで同期会をやれよ。そしたら、俺も呼んでくれ」

丸尾は上井草から去り、日本のラグビー界からも離れる。早大ラグビー部の主将としては2006年度の東条雄介さん（36）＝在籍時は教育学部＝以来14年ぶりに「スポーツ科学部」以外で学んだ丸尾。大学生活の中で関心を抱いた社会学やSDGs（持続可能な開発目標）について、卒業後も深く学ぶため、英国に渡って大学院進学を目指す。

英国でもクラブチームなどには所属するつもりだ。ラグビー発祥の地でもまれ、もしかすれば数年後にプロとして日本のラグビー界に帰ってくるかもしれない。その時にワセダ以上のものが見つかっているかどうかは自分次第だ。

丸尾は万感の思いで今季を振り返る。

「コロナ禍の状況で試合ができて幸せでした。その環境を作ってくれた協会の方々、ファン、大学生、全ての人たちに感謝したい」

熱い指揮官のもとで「ワセダらしさ」をたたき込まれた第103代主将は、二度と戻れぬかけがえのない1年に、悔いを残さなかった。

「不条理」に立ち向かった経験を生かし、自分たちの代を超えていけ

東京大学アメリカンフットボール部
唐松星悦

東京大学アメリカンフットボール部で主将を務め、現役東大生として初の日本代表になった唐松星悦（22）は卒業を控えた2月、横浜市の自宅にいた。新型コロナウイルス、緊急事態宣言……。テレビからは苦い記憶を呼び覚ます言葉が聞こえてくる。だが、〝最後〟の試合で盟友に背中を押され、気持ちは前向きになっていた。

横浜市の私立の中高一貫校、浅野学園で中学校・高校から現役で東大に合格した唐松は、大学4年間で競技人生に区切りをつけるつもりだった。だが、部活動を引退した今も自室で黙々と体を鍛え続け、186センチ、125キロの強じんな体を維持している。この1年、不条理

と直面してきた中で、体の内側からふつふつとわき上がるものを感じている。
関東1部上位リーグ「TOP8」で6位だった前季から飛躍を期し、「学生日本一」を目指した最終学年だった。2020年2〜3月の日本代表の米国遠征から帰国し、肌で感じたレベルの高いプレーを還元しようと意気込んでいたところ、コロナの影響で部活動は休止し、春の試合は全て中止となった。

付属高からの進学や推薦入試で競技経験者が多い私立大と違い、東大は大半が初心者で、唐松のように中学から競技経験がある部員は一握りしかいない。毎年、春から練習試合などでじっくりと実戦を積むことで公式戦で戦えるレベルに高めていくが、東大が選手同士の接触を伴う練習を再開できたのは8月下旬から。集大成となる秋のリーグ戦開幕は10月。例年より1カ月遅れで、急ピッチでのチーム作りを強いられた。

総当たりで各チーム計7試合を行っていたリーグ戦は、2020年秋は2ブロックに分かれ、各3試合と順位決定戦の計4試合になった。それでも大学日本一を争う「毎日甲子園ボウル」につながる道がある。「ぶっつけ本番」で臨んだ10月17日の初戦、中央大学戦はQBボストロム丞慈（23）らの活躍で勝った。しかし、その後は法政大学、日本大学に圧倒され、リーグ戦を1勝2敗で終えた。

改めて見つめ直す「スポーツって楽しい」

11月28日、早稲田大学との5、6位決定戦。唐松は大学2年だった2018年7月にU19

2020年11月の早稲田大学戦で体を張る唐松星悦（東京都調布市のアミノバイタルフィールドで2020年11月28日＝吉田航太撮影）

（19歳以下）日本代表として世界選手権に出場した際、チームメートだった光本周平（21）＝早稲田大学国際教養学部3年＝とマッチアップした。東大の攻撃陣に襲いかかるＤＬ（ディフェンスライン）の光本に対し、ＯＬの唐松は味方が走る道を作ろうと懸命に動く。勝手知ったる相手同士、少しずつ手の内を明かしながらの駆け引きだった。

7—40で敗れた試合後、唐松は光本に尋ねた。

「こういう技を使ったんだけど、どうだった」

互いの健闘をたたえ合いながら高い水準で試合を振り返る中、ある感情が浮かんだ。

「スポーツって、楽しいな」

競技を始めたころに抱いていた純粋な気持ちがよみがえった。「アメフトはしんどいことばかりで、続ける気はあまりなかった」というシーズン前の気持ちは、時間の経過とともに揺れ動き、そして「もう少しアメフトと付き合ってみたい」と決意した。4月からは一般企業に就職予定で、社会人Ｘリーグのクラブチーム

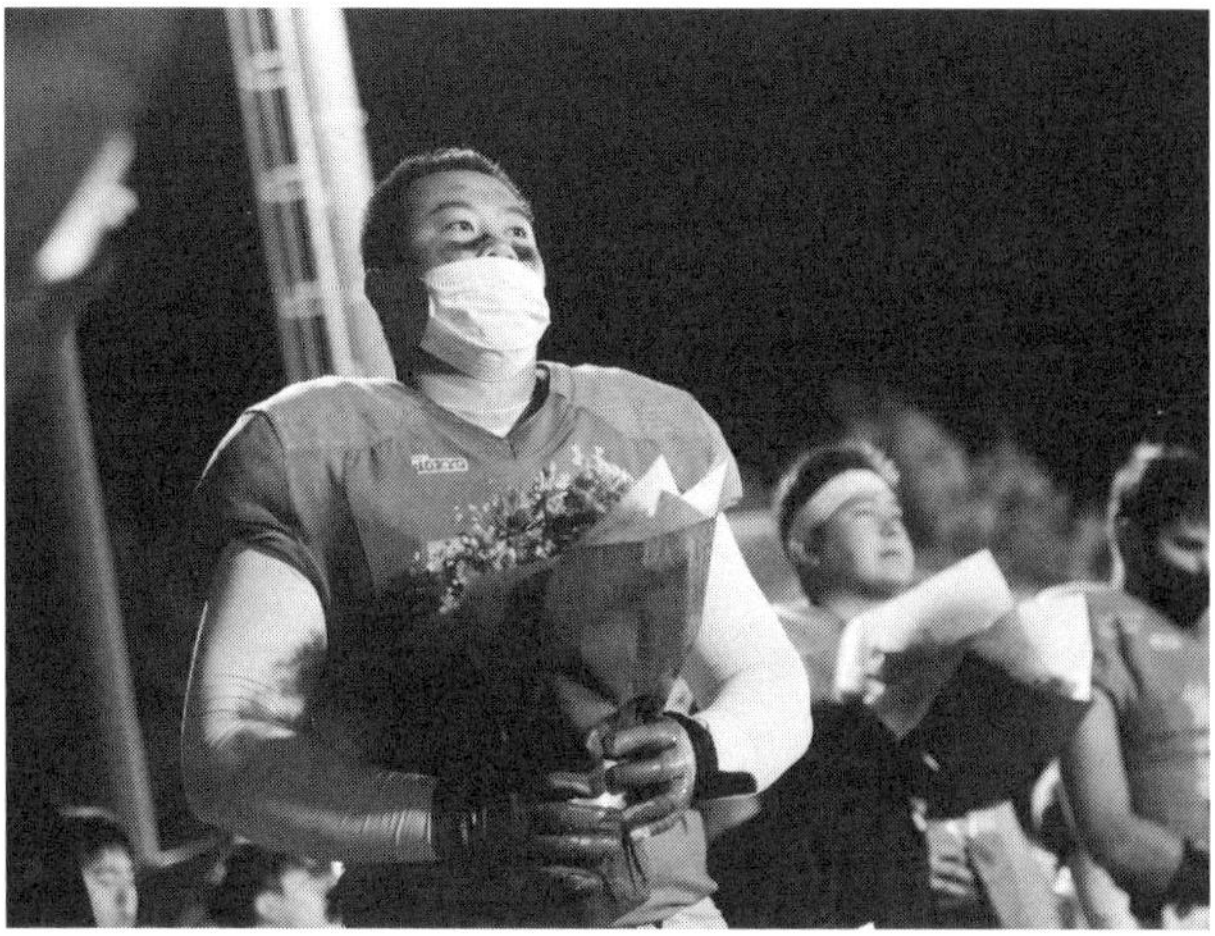

2020年11月のシーズン最終戦後、唐松星悦は保護者らからチームカラーの青い花束を受け取った（東京都調布市のアミノバイタルフィールドで2020年11月28日＝吉田航太撮影）

に加入し、週末に練習しながら再び「日本一」を目指す。

今はまだ過渡期、さらなる高みを目指す

唐松にとって大学4年間は「『自分で何かをする』という機会をたくさん与えてもらった」時間だった。これまでは勉強もスポーツも、努力すれば報われた。だが、最後の1年はコロナの影響で「自分の力や頑張りではどうにもできない」環境にさらされ、「今まで、ずっと真っすぐ進めてきていた。4年生になった途端、簡単にいかないことばかりになった」というスタートだった。

唐松の入学と同時期に東大のヘッドコーチになり、成長を後押ししてきた森清之氏（56）は部員たちをしっかり見ている。

「受験勉強もしかり、アメフトもしかり。彼らは『頑張ればなんとかなる』という成功体験を積み重ねて、原動力にしてきたのでしょう。その陰には、気付かな

いだけで、支えてくれる人の存在や運に恵まれたことがあったのだけれど」

これまで体験したことのない試練に立ち向かった1年を森氏はこう語った。

「選手たちは4年生を中心によくやった。仮にいつも通りのシーズンだったとしても、ここまでうまくなれたかは分からない。私が着任した4年前は『別世界』にいた法大、日大、早大を、今は倒すべき相手として見ている。それは大きな進歩。ただ、今のままでは足りなかったということです。ここからがセカンドステージ」

東大は唐松や森氏が入った2017年は関東1部下位リーグ「BIG8」で4位だったが、2018年にBIG8で全勝し昇格。2019年は上位リーグの「TOP8」で6位ながら、上位校を苦しめた。そして2020年も6位だった。

森氏は母校の京都大学アメフト部の黎明《れいめい》期を、今の東大に重ねる。関西学生リーグで145連勝するなど最強を誇っていた関西学院大学に1976年に初勝利して「京大強し」と言われてから、毎日甲子園ボウル初出場までは6年を要した。森氏は「最初の1回、勝つことは本当に大変。『やり方次第でチャンスはある』と現実的に考えるようになってから、実際に壁を越えるまでがどれだけ大変か。今の東大は、まだそれを知らない」と実感を込めて話す。

唐松も言う。

「森さんの言う通り、東大は過渡期にある。僕たちは『結果を出すにはどこまでやらなきゃいけないか』を考えた代でした。それで目標は達成できなかったから、後輩たちはもっと高いレベルが求められるでしょう」

これから本当の勝負を迎える東大の後輩たちへ、唐松はサポートを惜しまないつもりだ。

「でも、最終的にやるのは彼ら自身です。彼らが自分たちで自分たちの才能を開花させるところに期待したい」

後輩たちが自分たちの代を超えていく姿を見るのを楽しみに、次のステージに向かう。

努力は裏切らない、「遅咲きプレーヤー」としてコツコツと前に進む

天理大学ラグビー部
市川敬太

あの歓喜から2カ月。思い起こしても夢のようだ。天理大学ラグビー部のCTB市川敬太（22）＝国際学部4年＝は語る。

「こんな日が来るなんて考えたこともなかった。映像を見返すと、鳥肌が立って震えます。すごいことやったんだなって」

新型コロナウイルスの集団感染を乗り越えての全国大学選手権大会初制覇。「たたき上げの星」として時の人になった市川だが、春からは独自の歩みでまた新たな挑戦に入る。

ラグビーの聖地、東大阪市で、4人きょうだいの2番目に生まれた。校区内に花園ラグビー場がある市立英田《あかだ》中学校で競技を始めた。元日本代表CTBの元木由記雄氏（49）らを輩出し

た名門だ。当時の身長は150センチほど。市の選抜チームに入れず、地元の市立日新高校へ進んだ。3年間、花園と縁はなく、どの大学からも声はかからなかった。

だがラグビーが好きだった。

「高校の実績がなくても、天理は頑張れば認めてもらえる」

天理大で活躍していたOBからそう教わった。練習会に参加して売り込み、入学をかなえた。1925年創部で、2011年度と2018年度の大学選手権で準優勝した強豪。部員は高校時代の約30人から6倍程度に膨らんだ。身長173センチと小柄で、特別、足が速いわけでもない。

「先輩もみんな大きいし、こんな人らと、一緒に試合に出られるんかなと思った」

同学年にもトンガ出身のCTBシオサイア・フィフィタ(22)やSH藤原忍(22)ら1年から即戦力で活躍するスター選手がいた。

厚い選手層の中で埋もれた存在だった。だが積み重ねてきた努力は裏切らなかった。

「絶対に試合に出られた高校時代とは違い、頑張らないといけない環境が自然にあった。同じポジションの人よりも練習しよう」

3軍から2軍へとコツコツと階段を上がった。

そして3年時、チームに負傷者が出たこともあり、1軍で先発出場の機会が巡ってきた。早稲田大学との全国大学選手権準決勝。自ら1トライを挙げたものの防御が崩れて14―52で大敗した。相対する早大CTB中野将伍(23)に「1対1でボコボコにされた。自分のせいで、あれだけトライを許した」。力の差を肌で感じた。「レギュラー獲得」だった目標は「大学日本一」に置き換えられた。

コロナ陽性、ホテルでトレーニングを重ねた

その最終学年に待っていたのが新型コロナの感染拡大だった。２０２０年4月から2カ月以上も活動休止となり、練習再開後の8月には部員62人が集団感染した。市川も、その一人だった。

当初は市川のＰＣＲ検査の結果は陰性だった。全部員が暮らす奈良県天理市の寮は閉鎖となり、東大阪市の実家に戻った。そこで念のために受けた2回目の検査で陽性を示した。「体はバリバリ元気な状態。すごくびっくりしました」

すぐに、大阪市内のホテルに隔離されることになった。実家の両親、弟と妹は陰性だったものの濃厚接触者として2週間の自宅待機を命じられた。父・良紀さん（47）は仕事を休んだ。「親だけでなく、（親が勤務する）会社の方にも迷惑をかけてしまった」と心苦しかった。ホテル生活は、玄関に弁当を取りに行く以外は部屋を出ることも許されない。長い1人の時間。「このまま引退するのか」「試合ができても、自分は間に合うのか」――。頭の中を不安が駆け巡った。

同時に周囲の支えを再認識する日々でもあった。スマートフォンには、他の部や大学などから多くのエールが届いた。筋力や体力が低下しないように、両親も「食べきれなくてもいいか

全国大学選手権決勝で前半、トライを決めて喜ぶ市川敬太（中央）（東京・国立競技場で2021年1月11日＝滝川大貴撮影）

ら」とホテルへ大量の食料を送ってくれた。

症状がなかったため「できることはやろう」と一人、部屋で汗を流した。ダンベルを持ち込み、トレーニングを繰り返した。

「日本一になって恩返しするしかない」

心が折れそうになる度に自らを鼓舞した。集団感染が収束し、チームが活動を再開したのは9月10日。既に夏は過ぎていた。シーズン到来は間近。もちろん、ホテルの一室で黙々と鍛え抜いた市川は心身とも準備ができていた。

11月に開幕した関西リーグではブランクを感じさせず、危なげなく勝ち上がり、5連覇を遂げた。ＣＴＢでコンビを組むフィフィタは、南半球最高峰リーグ「スーパーラグビー」の日本チーム「サンウルブズ」で経験を積み、大きく成長していた。相手の警戒がフィフィタに集中した。

そこで躍動したのが、市川だった。フィフィタが突進すると見せかけて、市川が持ち出す。2人のあうん

決勝の後半、市川敬太（右から2人目）はディフェンスを振り切り突進する（東京・国立競技場で2021年1月11日＝長谷川直亮撮影）

の呼吸が相手防御陣を幻惑した。

「彼は本当に細かい。こちらの動くタイミングが少しでも遅れたり早かったりすると指摘する。常に完璧を求めてくる」

市川はフィフィタが求める高いレベルのプレーを身につけ、連係を磨いた。

迎えた2021年1月11日、東京・国立競技場での全国大学選手権決勝。相手は1年前、雪辱を誓った早大だ。市川は何度も早大の防御網を切り裂いた。前半3分に先制トライを挙げると同31分、41分にもインゴールを陥れ、前半だけでハットトリックを達成した。後半18分にはフィフィタからのオフロードパスを受け、4トライ目。55―28で圧倒した。

「みんなで（相手防御ラインを）崩しての最後のトライだったので、自分の力ではない。（メディアで）たくさん取り上げてもらったが、ヒーローだなんて思ったことはない」と仲間への感謝を忘れない。

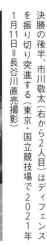

このままでは終わりたくない、次を目指す

天理大の初優勝は関西勢にとっても36季ぶりの大学日本一となった。高校では近畿勢が全国をリードしながら、関東志向の高まりで選手は次々に上京する。高いレベルでしのぎを削る関東勢の壁の前に関西勢は長く頂点に立てずにいた。

無名選手から早大を打ち負かす主役に躍り出た市川の姿に小松節夫監督（58）が目を細める。「（大学で飛躍した）うちらしい選手。後輩たちは、次は自分たちの番だと思うでしょう。高校生や次に入ってくる子たちの希望になります」

良紀さんは市川の雄姿を国立競技場で見届けた。「息子は無名だったし、レベルの高い天理大ではメンバー入りさえもハードルが高いと思っていました。4年間、大きなけがなく終わってくれ、という思いでした」と振り返る。そして感染を乗り越えた市川、チームの成長を口にした。

「（息子は）クラスターが起きたことで、周囲への感謝の思いが強くなったようです。チームのみんなからもそれを感じた。コロナを味方にしたというと語弊があるが、結束力を強めるきっかけになったのでしょう」

3月19日の大学の卒業式を終えれば、新しい生活が始まる。市川は4月からトップウエストAの中部電力でプレーする。憧れていたトップリーグからすると、3部相当だ。

遅咲きの上、今季はコロナ禍で試合は少なかった。アピールの場が限られていたこともあり、トップリーグのチームからは声がかからなかった。中部電力の系列会社に就職し、営業マンと

して朝から夕方までフルタイムで働いた後に練習する日々が待っている。

チームメートの中には、トップリーグに進む選手もいる。同じ舞台にたどり着くまでには、また時間がかかるかもしれない。だが、夢は追い続ければ、かなえられることを大学生活が教えてくれた。

「(過去の自分なら) 諦めたかもしれません。日本一になれて活躍することもできたので、このままで終わりたくないと思えた。どんどん上を目指してチャレンジを続けたい。まずは日本一になった仲間と、上のステージで再会するのが目標です」

地道に着実に――。自分らしく努力を重ね続ける。

情熱の炎は消えない、名物監督の第2章の幕が上がった

奈良県立御所実業高校ラグビー部
監督・竹田寛行

卒業する3年生から次々に感謝の言葉を贈られ、複雑な感情が込み上げてきた。

「私も一緒に『卒業』した方がよかったのかな」

2021年2月28日、奈良県立御所実業高校のグラウンドで行われたラグビー部員24人の卒部式。3月末で定年を迎えるが、別の形でチームに残る決断をした竹田寛行監督（60）は、か

すれた声でポツリと漏らした。

30年以上にわたる教員生活の集大成となった、この冬の第100回全国高校ラグビー大会（東大阪市花園ラグビー場）。強豪がひしめく激戦のブロックを勝ち抜き、御所実高は8強に進んだ。準々決勝の相手は連覇が懸かる桐蔭学園高校（神奈川）。前回の花園決勝で逆転負けした因縁の相手だ。雪辱を期したものの、7―50で大敗。教員として最後の花園に臨んだが、悲願の優勝旗「飛球の旗」を手にできなかった。

公立校の教員として、大切にしてきた指導理念がある。日本一を目指すことはもちろん、地域の活性化に貢献し、次代のリーダーを担う人材を育てる。ラグビーは、その信念を貫くためのツールだと言い切る。

指導を始めたころから、花園常連校である天理高校（奈良）の壁を破ろうと、切磋琢磨してきた。同一地区の伝統校を倒すという同じ目標を持った他府県の「2番手グループ校」と交流を深め、毎年夏になると、御所実高のグラウンドで交流試合や合同練習を重ねた。いつしか夏の風物詩となった御所の「ラグビー祭り」は、現在は地元・御所市民らの協力を得て「御所ラグビーフェスティバル」へと発展。人口3万人に満たない御所市で、約1万人が訪れる一大イベントになった。

竹田監督の熱意は、周囲を動かした。行政にも協力を仰ぎ、土のグラウンドに人工芝を整備。照明も完備している。入試では、県外の中学生も進学できるように一定の枠が設けられた。

長い年月をかけて下地を築いてきたが、崩れるのは一瞬だと分かっている。

「公立校は私立校よりも指導者が頻繁に代わる。伝統がうまく引き継がれず、変わってしまう姿を何度も見てきました」

私立全盛の高校ラグビー界にあって、「公立の雄」として立ち向かってきた自負がある。定年を前に大学から指導者として声もかかったが、首を縦には振らなかった。

新たな人材の育成に乗り出す「竹田塾」

卒部式に先立ち、OB会が竹田監督の定年を祝う式典を開いた。

「人に謝りに行って、第三者に怒られた経験などなかった。自分のことをそこまで考えてくれる人がいたと気づき、心を持っていかれました」

しみじみと思い出話を披露したのは、OB会長の中島弘行さん（47）だ。

中島さんは竹田監督が赴任した当時、1年生だった。ある練習試合で相手のラフプレーに腹が立ち、レフェリーの反則の笛を無視して密集に突っ込んだことがあった。試合後、冷静さを取り戻した中島さんは、相手ベンチを訪れて謝罪した。

「謝ったから、先生は褒めてくれるだろう」

その思いとは裏腹に、すぐに怒号が飛んできた。

「なんで謝りに行くんや！　俺はお前が気持ちを出してくれたんがうれしかったんや」

レフェリーの笛を無視してプレーすることは、決して許されない。それでも「真面目すぎる」と口を酸っぱくして言い続けてきた中島さんの闘志あふれるプレーは、竹田監督の胸に響

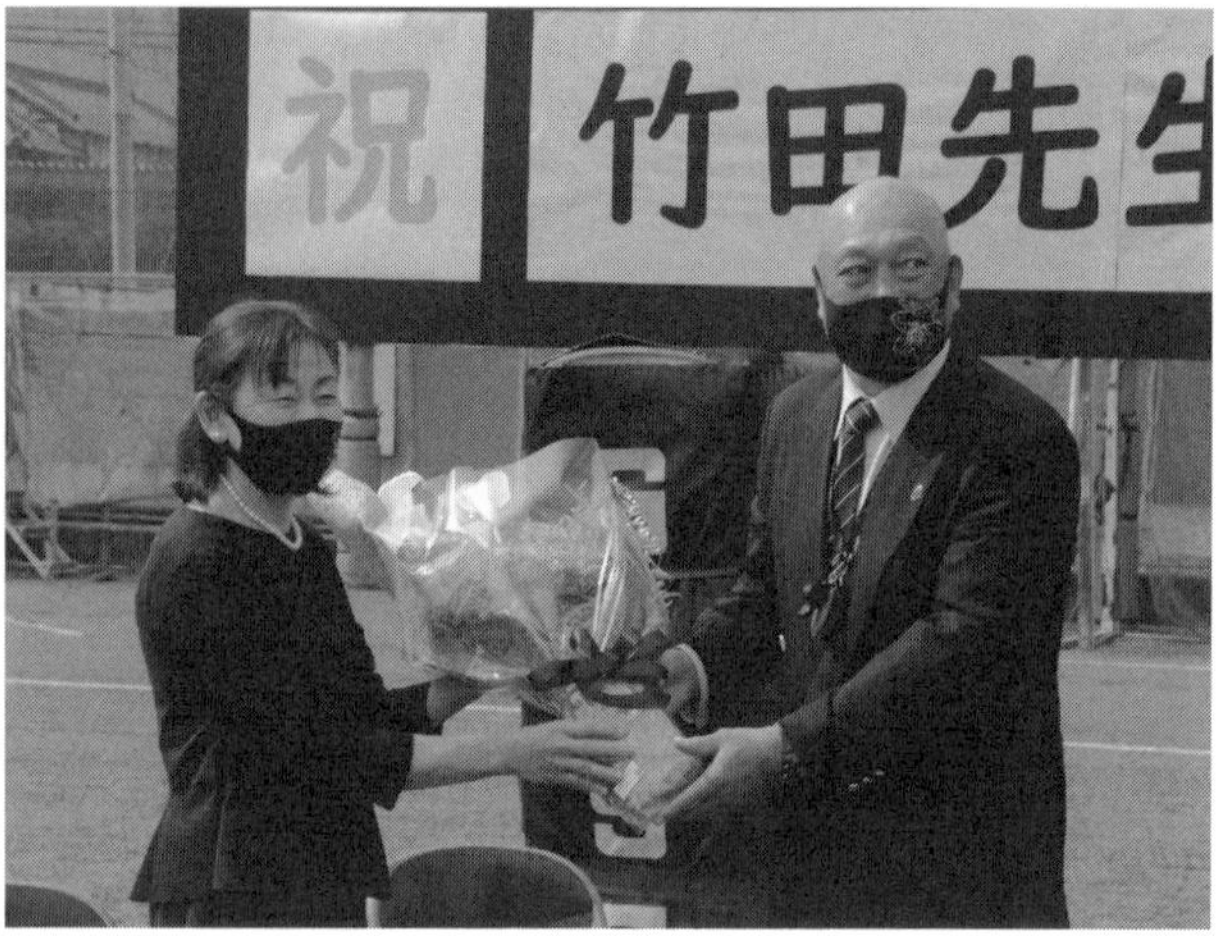

退職を記念した式典で、OB会から贈られた花束を手に妻の光代さん（左）とお礼の言葉を述べる御所実業高校ラグビー部の竹田寛行監督（奈良県御所市で2021年2月28日＝長宗拓弥撮影）

いていた。

「先生の魅力は『育成方法の見極め』。人の長所、短所を把握して、接し方を考えて違う手法でアプローチしてくれるのです」

そんな教え子からのメッセージを、竹田監督は照れくさそうに聞いていた。

新型コロナウイルスの感染が収束していれば、盛大に祝うはずだった。全国から教え子が集まり、OB戦を実施する予定だったが、役員4人による小規模な式典に変更した。竹田監督は「実戦」に向け、「実はスクワットもして体を鍛えて準備していた。緊急事態宣言が出て、すぐにやめた」と笑った。

式には、陰で支えてきた妻の光代さん（60）の姿もあった。10年ほど前に自宅を改修して数人の部員を招き、共同生活をしてきた。地元工務店の協力で寮ができた今も、7人が竹田家で暮らす。光代さんが「家で部員を預かることは、決まってからの事後報告でした。『拒否権』はなかったです。本当に大変な日々でした」

と振り返った生活も、3月で終わる。「今は寂しくて……」、常に寄り添ってきた妻は、そうつぶやいた。

竹田監督は4月以降、御所実高で非常勤講師として勤務しながら、「監督業」を続ける道を選んだ。担当する授業は週6時間、これまでの3分の1程度に減る。空いた時間を利用し、新たな挑戦を始める決心もした。

その名も「竹田塾」。中学生を対象としたラグビー塾で、行政や地元企業の協力も取り付けた。技術指導だけで終わらせない信念は、ここでも原点になる。毎週金曜日に御所実高のグラウンドで練習した後、寮で部員らと寝食をともにする。

「学校では教わらないことを教える場所が必要だと思っていた。テーブルマナーや礼儀作法などもそう。ラグビーを通し、人間力、コミュニケーション力を向上させ、将来を担う人材を育成したい」と準備を進める。御所実高はニュージーランドの高校とも姉妹校として提携し、コロナ収束後には国際交流を本格化させる予定だ。

「素晴らしい3年生を卒業させることができた」

4月からスタートするセカンドキャリアは、コロナの影響も受けた。計画を練ってきた大学での講義、そして全国を巡る講演活動は白紙になった。毎月安定した収入のあった教員時代とは異なるが、「赤字にならない程度にできれば」と話す。ラグビー塾の活動を軌道に乗せるため、スポンサー探しに塾のPRなど不慣れな活動にも取り組む。

伝統の黒色のジャージーを着て、下級生との「最後の試合」で体をぶつけ合うラグビー部の3年生部員ら（奈良県御所市で2021年2月28日＝長宗拓弥撮影）

卒部式当日、3年生は下級生との「最後の試合」を行った。その中で一人、涙が止まらない部員がいた。強豪の帝京大学に進むプロップの小林龍司（18）だ。「いろんな思い出がよみがえって……。竹田先生と出会えなかったら、今の自分はない。大学では多くの人を勇気付けるようなプレーがしたい。それが、恩返しだと思っています」

この1年間、竹田監督はコロナ下で試行錯誤しながらチーム作りを進めてきた。約3カ月間もグラウンドに集まれない日々が続いた。部員らは寮を離れ、散り散りになった。オンラインを駆使し、重要視する「人間の偏差値を上げる」ためのミーティングを重ねてきたが、心に響いているかどうかは手応えがなかった。

それでも部員たちは、例年以上に自ら考え、動く力を身につけていた。春先は例年よりもチーム力が低いのではと見る向きもあったが、自主性をはぐくんだ選手たちは着実に成長。花園8強へと道をつなげた。

小林の涙は、悔いなくやりきった証しでもある。

「全員がひとつになった。素晴らしい3年生を卒業させることができた」

竹田監督の言葉に力がこもった。

そして定年を前に、駆け抜けた日々をこう振り返った。

「OBが支えてくれたから今がある。若いころはいろんな失敗もして、迷惑をかけたと思う。また、次から次へ新たな失敗をしながらチャレンジしたい。私にはみんなが作ったこのクラブを継続・継承していく義務がある。まだまだ死ねんなと思っています」

節目の1年は、最後の最後まで予期せぬ事態に翻弄された。それでも信念を持ち続け、監督業「第2章」の幕が上がる。

けがに泣き、復帰かなわず……だが、大器はいつか必ず輝く

明治大学ラグビー部
山沢京平

勝負の世界に「もしも」はない。だが、あの試合に彼がいたなら、流れを変えたかもしれない。大学ラグビー界屈指の司令塔と称された明治大学のSO(スタンドオフ)山沢京平(22)=政治経済学部4年。集大成のラストシーズンは一度も出場することなく幕を閉じた。朝の冷気がシーズン到来を告げていた2020年秋。相次ぐ逆境に心はささくれ立ち、夜の歓楽街に足

が向かおうとしていた――。

活動自粛を「充電期間」と捉える

山沢は2019年のラグビー・ワールドカップ（W杯）日本大会の会場となった熊谷ラグビー場のある埼玉県熊谷市出身。中学で競技を始めた。県立深谷高校では3年連続で全国高校大会に出場し、高校日本代表に選ばれた。身長176センチ、体重85キロとラグビー界では小柄だが、巧みなパスやキック、卓越したボディーバランスで多彩な攻撃を演出する。明大では1年時からレギュラーとして活躍し、2年時に22大会ぶり13回目の全国大学選手権大会制覇に貢献した。

山沢の器の大きさを物語るエピソードがある。2007年W杯フランス大会で南アフリカ代表をヘッドコーチとして優勝に導いた名将、ジェイク・ホワイトさん（57）が、トップリーグのトヨタ自動車を指揮していた2019年、大学ラグビー界の逸材として山沢の名を挙げている。

「若く、素晴らしい才能だ。（2023年W杯を見据えて）大学をやめろとは言わないが、トップリーグでプレーできる機会が許されるなら、彼も日本も新しいストーリーを描ける」

同じSOの兄・拓也（26）も早い時期からその才能を見いだされ、筑波大学在学時からパナソニックでプレーし、史上初の大学生トップリーガーとなった。だが日本ラグビー協会の登録規定で、トップリーグに出場すると、大学での出場ができなくなる。山沢は大学を戦いの舞台

スタンドから実戦的な練習を見守る山沢京平（東京都世田谷区八幡山で2020年8月20日＝谷口拓未撮影）

に選んだが、世界を代表する名将の目からしても、大学の枠に収まらないほどの才能を持ち合わせていたのだ。

そんな山沢の大学ラストシーズン。時計の針を1年前へと巻き戻す。

新型コロナウイルスの感染拡大が社会に不安を広げ始めていた。2020年4月19日に開幕予定だった関東大学春季大会の中止が決まり、4月3日を最後に全体練習は取りやめとなった。感染防止のため、寮に残る部員は拠点を構える八幡山（東京都世田谷区）一帯から出ることを禁じられた。

当時、副将として寮に残り、限られた時間で筋力トレーニングやランニングなど自主練習に励んでいた山沢の表情は明るかった。「リハビリに集中できる」。脱臼しやすく、以前から痛みを抱えていた右肩をシーズン終了後の1月に手術していた。実戦復帰に半年を要すると見込まれていた。はやる心を抑えて、地道にリハビリを積むべき時期で、コロナによる活動自粛はむしろ「充電期間」と前向きに捉えた。

ラガーマンの勝負の季節は冬。耐える時だ。何より大きな目標がある。

「リベンジを果たす」

宿敵に敗れ、全国大学選手権連覇を阻まれた悔しさが昨日のことのように頭に焼き付いていた。

右膝に走る激痛、診断は靭帯断裂だった

2020年1月11日。東京オリンピック・パラリンピックに向けて建て替えられた、まっさらの東京・国立競技場に山沢はいた。全国大学選手権決勝。相対するは早稲田大学だ。旧国立競技場で名勝負を重ねてきた。

全国大学選手権は2009年度に初制覇した帝京大学がそのまま2017年度まで9連覇し、「1強時代」を築いてきた。明大が2018年度に優勝して名門復活を告げると、早大も負けじと力を伸ばしてきた。実現した決勝での早明戦は実に23大会ぶり。観衆5万7000人が息をのんで試合の行方を見つめた。


前半、明大は0―31と防戦一方だった。だが後半、流れを変えたのが山沢だった。テンポの良いパス回しを主導し、後半3分にチームは反撃のトライ。同21分には持ち前の鋭いランで相手防御のスペースを突き、自らトライを挙げた。だが追い上げも及ばず、35―45で敗れた。

ノーサイドの笛が鳴ると、チームの一団から距離を置き、何度も涙を手で拭った。

シーズン開幕を1カ月後に控え、タックル練習に励む山沢京平（右）。この約1カ月後、右膝の前十字靱帯を断裂する（2020年9月4日＝谷口拓未撮影）

「勝たせるのが仕事の僕が一番の敗因だった。経験不足を痛感した。申し訳ない」

その時、固く誓ったのが1年後の雪辱だった。

新型コロナの感染拡大で全体練習の休止が続いた2020年春、山沢は右肩の手術からのリハビリを懸命に続けた。チームの全体練習が7月中旬に再開すると、自らもボールを使った練習に取り組み始めた。8月からは体の接触を伴うプレーも徐々に取り入れた。誰もが復帰を信じていた。

シーズン開幕が4日後に迫った9月30日だった。晴れ渡る青空にもかかわらず「今日はよくない。嫌な予感がする」と心身に不調を感じていた。満足にパスができないほど右肩に痛みが走り、プレーに集中できていなかった。攻撃の練習中、駆け出すと右膝に激痛が走り、動けなくなった。即座に病院に担ぎ込まれた。

その夜、チームドクターに寮の一室に呼ばれた。診断結果の告知だ。

「切れてなかったっすか？」

あえて軽い口調で切り出したのは、重い現実を突きつけられることへの恐れからだった。だが、返答は「切れていた」。右膝の前十字靱帯断裂だった。シーズン中の復帰は絶望的となった。

「肩の次は膝。なんで自分ばかり……」

ため込んでいた感情がせきを切ったようにあふれ出た。

肩の手術から8カ月の忍耐の日々は何だったのか、自問しても答えは見つからなかった。飲み明かせば、折れた心が少しは癒えるだろうか。寮の最寄り駅から電車で20分ほど、東京・新宿のネオン街が頭に浮かんだ。ただ八幡山から出ることを禁ずる部の規律を副将がここに来て乱すことになる。

日本一を目指し裏方に徹したラストシーズン

心が千々に乱れた山沢をつなぎ留めたのは仲間だった。主将のNO8箸本龍雅（22）が部屋を訪ねてきた。

「京平はチームにとって大きな存在。ただ近くにいてくれるだけで力になるし、みんなに技術を伝えることもできる。一緒に頑張ろう」

自らを必要としてくれていた。「チームのために自分は何もできない」と自暴自棄になっていただけに、救われた気がした。求められたのは助言を送る役回りだった。華麗なプレーで勝利に導けなくても、黒衣役《くろご》として支えることもチームワークだ。

「自分の都合でチームを投げ出すのは恩をあだで返すことになる。このチームで日本一になりたいと改めて思いました」

10月、膝の手術と併せ、術後の経過が芳しくなかった右肩の再手術に臨んだ。静養のため術後、帰省したが、10日ほどで「チームがあるから」と八幡山の寮に戻った。母の織恵さん（53）は「以前なら、気持ちも体も楽になる長期滞在をしたと思う。責任感が芽生えていた」と振り返る。

それからの山沢は裏方に徹した。タックルバッグなど荷物を運び、実戦形式の練習を見て戦術面の改善点を指摘した。対戦相手が決まると、熱心に分析し、仲間に伝えた。箸本が言う。「京平は最後まで貢献した。みんなからの信頼も揺らがなかった。京平のために勝ちたいとみんなが思っていました」

迎えた12月6日、関東大学対抗戦の早明戦。箸本らの求めからスタッフとしてグラウンドに下りた。山沢の思いを背負った明大の選手たちは前半16分、箸本の先制トライを皮切りに攻め続けた。ＣＴＢ森勇登（22）＝政治経済学部4年＝がＳＯに回り、攻守をコントロールした。山沢は選手を声で鼓舞し、試合前やハーフタイムに助言を送った。スコアは34―14。抱き続けた雪辱の思いを存分に表現した。

続く全国大学選手権は２０２１年1月2日、東京・秩父宮ラグビー場での準決勝で、優勝した天理大学に15―41で完敗した。「打倒・関東勢」を掲げる天理大の勢いに押され、最後までリズムをつかむことはできなかった。グラウンド脇から反撃を信じて声援を送った山沢の願いは届かず、2大会ぶりの大学日本一はならなかった。

「もしも……」。記者が山沢の駆け抜ける姿を思い浮かべるのはこの試合だ。元日本代表SHである明大の田中澄憲監督（45）もこう言い切る。

「特別な選手。スキル（技術）も判断力も素晴らしい。監督としてはグラウンド上のことを任せられるので、これまで楽をさせてもらっていました。いないのは痛すぎる」

不在にして存在感を発揮した選手として語り継がれるだろう。

敗戦の翌日、選手たちは感染防止のため荷物をまとめて寮を出た。3月下旬に予定されていた「卒部試合」も中止となった。

4月からは兄と同じパナソニックでプレーする。既に2月からチームの施設でリハビリを始め、今は自転車型運動器具をこぎ、軽めの筋力トレーニングに取り組む。

「この1年が糧になったとは、まだ言えない。いつか走れるようになり、グラウンドに立てた日に、そう思えたらいい」

試合から1年以上遠ざかっている。ブランクを乗り越え、本調子に戻すまでには時間がかかる。でも、きっと再びスターの座に戻ってくると思う。誰よりもプレーできる喜びを知っているから。

現状に満足してはいけない――主将の指導が後輩に、そして自分に

京都大学硬式野球部
北野嘉一

今となっては冷たい風が懐かしい。2月19日、体の芯まで刺さるような京都の寒さを味わっていた。京都大学硬式野球部で主将を務めた北野嘉一（22）は後輩たちの練習を手伝うため、大阪府茨木市の実家から4カ月ぶりに京都市左京区の京大グラウンドを訪ねた。123年の歴史がある野球部。引退後の部員が後輩を指導するのは、新型コロナウイルスの感染拡大を受けて本格化した「新しい生活様式」だ。

「Aにいることで満足していないか。日々を全力で過ごしているか」

北野は後輩たちを見て、そんな思いにかられた。「A」とは大学入試に向けた模擬試験の合格判定でも、学業成績でもない。京大野球部は、リーグ戦のベンチ入りメンバーとなるAチーム、それ以外のBチームに分かれている。指導した後輩たちはAチームだが、出場経験に乏しい。求めに応じて打撃のポイントをアドバイスしたが、技術以上に伝えたい思いがあった。曇り空の下で、北野はバットを握る後輩たちのために黙々と打撃マシンにボールを入れ続けた。

一方、自身は現役時代のユニホームではなくジャージー姿。現役と違って体を動かす場面が少なく指先がかじかみ、引退した事実が身に染みた。だが、本拠地に舞い戻ってもそれほど感慨は湧かない。「野球をやりきった」という充実感が未練を上回っていた。

現役時代のことが頭に浮かぶ。高い目標を掲げ、はい上がってきたつもりだ。入学時はBチームからスタート。1年時はAとBを行ったり来たりで、強豪私大から「弱小」と思われている京大でさえ、リーグ戦のメンバーに入れない自分が情けなかった。さらに同じ二塁手の1学年上には、後にリーグのベストナインを獲得する「絶対的存在」の先輩がいた。別の先輩のけがに伴って2年春からAに定着したが、大きな実力差を感じていた。

「どう頑張っても先輩には勝てないかもしれない。でも、このままでは終われない」

2年時の冬、ベストナイン獲得を目標に一念発起し、苦手としていた打撃の改造に着手。自主練習で徹底的にバットを振り込み、独自に筋力トレーニングにも励んだ。3年時の春は芽が出なかったが、秋に一気に開花して京大勢では2011年春以来の首位打者を獲得。念願だったベストナインにも選出され、1982年のリーグ発足以来初の4位に食い込む原動力になった。4年時はコロナ禍に見舞われながらも自宅でバットを振ったり、近くの河川敷を走ったりして、黙々と自分を高めた。

自分の居場所は努力で獲得するしかない

新チームは、自らが2年だった時の境遇に似ていると感じる。2年時の春から打線の中軸を担ってきた新主将の脇悠大（21）＝農学部4年＝ら、下級生時代から主力だった選手が多く、控えが定位置争いに割って入るのは厳しい状況だ。だからこそ、後輩たちの心情が気になった。上級生の卒業を待っていても、有望な下級生が台頭すれば出場機会はない。居場所は自分の努

2020年関西学生野球秋季リーグの同志社大学戦でシーズン初勝利を挙げ、ベンチを飛び出して喜ぶ京都大学硬式野球部の選手たち（兵庫県神戸市のほっともっとフィールド神戸で2020年10月12日＝石川裕士撮影）

力で獲得するしか道はないのだ。北野は大学4年間を総括し「その時々で自分ができることを全力でやってきた」と言い切る。だから、新型コロナに翻弄された2020年を振り返り、勝てなかった悔しさはあっても、やり残した後悔は浮かばない。

北野にとって最後の春季リーグ戦は2020年4月4日開幕予定だったが、3度の延期を経て史上初の中止となった。京大は7月10日に全体練習を再開したが、学内の他団体で新型コロナの感染者が出た影響でわずか11日後に活動自粛に追い込まれ、活動が再開できたのは8月26日だった。秋季リーグ戦は従来の勝ち点制から2回戦総当たりの勝率制に変更して9月5日に開幕したが、実戦不足の京大は攻守とも連係ミスが相次ぎ、1勝9敗で最下位に終わった。

勝利には届かなかったが、終盤まで競った試合はいくつもあった。全試合に出場した北野は2度目のベストナインを獲得し、ラストシーズンに花を添えた。「最下位になったが、弱くなったとは思わない。やれ

2020年関西学生野球秋季リーグの最終試合を終え、部員たちに感謝を述べる主将の北野嘉一（中央）（兵庫県神戸市のほっともっとフィールド神戸で2020年10月19日＝石川裕士撮影）

ることはやった。これからも京大野球部としてプライドを持ってほしい。下級生も引退時にやりきったと思えるように取り組んでほしい」

最終試合があったほっともっとフィールド神戸（兵庫県神戸市）で、北野は部員たちにそう語り、静かに引退した。引退後は、コロナ禍で後輩たちに迷惑をかけないようにと、チームとの接触を控えていた。

野球に別れを告げ、新たな道を歩む

そんな北野に声をかけたのは、2020年9月にコーチから昇格した元福岡ソフトバンクホークス投手の近田怜王助監督（30）だ。プロを経て入社したJR西日本の上司が京大野球部OBだった縁で、北野たちが1年生だった2017年からコーチを務め、野球に懸ける情熱やひたむきさを間近で見てきた。

「僕自身は大学野球を経験していない。自分でチャンスをつかんだ4年生にしか話せないことがある。その経験を、コロナ禍で話す機会が少なかった下級生に伝えてほしかった」と明かす。

　例年の2月であれば、チームは温暖な四国でキャンプを張って練習に明け暮れるが、2021年は断念せざるを得なかった。代替策が京都での21日間の強化練習。感染予防のため3時間、20人以内という制限付きながら、京大グラウンドに加えて京都府内の公営球場も借りて、グループを分けて練習に打ち込んだ。時間内で現役部員がより多く練習するため、近くに住む4年生らが打撃投手やノッカーとして交代で呼ばれ、卒業論文を書き終えた北野にも声がかかった。

　新型コロナは京大野球部のあり方も変えた。以前は全体練習後、暗くなったグラウンドに各自が居残り、照明の下でスイングを動画撮影してフォームを確かめたり、憧れの先輩とティー打撃をしながら助言を受けたりするのが恒例だった。誰に言われるでもなく、選手たちが自ら試行錯誤を繰り返し、各自の課題解決に取り組む。自主の気風こそが京大の強みだった。

　だがそのスタイルは、グラウンドでの練習が制限される現状では難しい。新チームでは、グラウンドが使える3時間を全て自主練習に充てる日を設けたり、練習を動画で撮影し各自が自宅で振り返れるようにしたりした。いずれもコロナ下で部の文化を引き継ぐ取り組みで、引退した4年生が練習にサポート役で参加したのもその一環だ。新主将の脇は「北野さんは過去にない事態に直面して思い通りにいかないことも多かったはずなのに、後ろ向きな言葉や姿は一度もなかった。常に前を向く姿勢も引き継いでいきたい」と語る。

　再び、2月19日の京大グラウンド。4月からはもう嗅ぐことのない土の匂いを北野は深く吸い込んだ。

「形に残る仕事をしたい」。北野はそう考えて大手住宅メーカーへの就職を決めた。社会人でも野球を続けたいと強豪企業チームの練習に参加したこともあったが、採用には至らなかった。野球に別れを告げてサラリーマンになる不安はあるが、「野球でもいつも最初はスタメンじゃなかった。社会人1年目は苦労すると思うが、将来この道を選んで良かったと思えるようにしたい」と気持ちを新たにする。

京大野球部の帽子にあしらわれた「DB」は京大体育会カラーの「ダークブルー（濃青）」の頭文字。その色は、日の出を待つ夜の深い青を思わせる。この春、京大野球部にも新たな季節が巡ってきた。新社会人の北野にとっても、今が人生の夜明けの時。ダークブルーの誇りを胸に、新たな世界に飛び込んでいく。

「部活の努力は宝物」、病を深く知る身だからこそ学究の道へ

愛知県立豊橋西高校野球部
谷町　源

静寂の講堂に落ち着いた声が響いていた。

「在校生の皆さん、部活動を3年間、努力し続けることは大変です。でも、かけがえのない宝

卒業生を代表して答辞を述べる谷町源（愛知県豊橋市の県立豊橋西高校で2021年3月1日＝岸本悠撮影）

物を手に入れることができます」

3月1日に開かれた愛知県立豊橋西高校の卒業式で、野球部主将を務めた谷町源（18）は壇上から万感の思いで答辞を述べた。部の引退から月日がたち、見違えるように髪が伸びていた。

右足大腿骨の先端が壊死、変形する「ペルテス病」を乗り越えて白球を追い続けてきた。だが、集大成のシーズンは新型コロナウイルスの感染拡大で大会が相次いで中止となった。救済措置として2020年夏に実施された県内の独自大会は1回戦で敗れた。その後、猛勉強で信州大学に合格した。文武両道の歩みが評価され、答辞の大役が回ってきた。

ただ、何を話せばいいのか。文章を書くのも得意ではない。悩んだ末、新型コロナに翻弄された「最後の1年」をどんな思いで過ごしたのか、飾らずに伝えることにした。壇上から仲間や両親、恩師たちに語りかけた。

休校が続いた2020年の春先、公園で仲間とキャッチボールした時に「心がすっと落ち着いた」こと。5月20日、目標だった夏の甲子園大会が中止となり、テレビで強豪校の選手たちが泣き崩れるのに、自分は涙が出ずに「僕らは一生懸命じゃなかったんでしょうか」と林泰盛監督（40）に吐露したこと。「それは違う。お前たちが頑張っていたことは間違いない」と返され、「目頭が熱くなった」こと。万全でない体調で挑んだ夏の独自大会は1回戦で小坂井高校（豊川市）に3―6で敗れたが「悔しさよりも充実感が上回った」こと――など曲折の日々を振り返った。

成長した姿に母は涙

約10分の答辞も終盤。最も感情がこもった一節があった。両親への感謝だ。

「お父さん、お母さん、どんな時も私のことを一番に考え、見守ってくれてありがとうございます。口には出さなかったけど、病気で不安になったこともありました。そんな時いつもそばにいてくれたのはお父さん、お母さんでした。いつか、2人のような親になりたいと思っています」

演台で隠れた足は緊張のためガクガクと震えていたというが、堂々とした答辞だった。母の緑さん（45）は、参列できなかった父の真さん（48）に見せるためスマートフォンで動画を撮影していた。

答辞の内容は事前に聞かされていなかった。「私の方が緊張していた。内容は頭に入ってこなかった」と緑さんは言う。だが感謝の言葉の瞬間には胸が熱くなった。帰宅後に1人で動画

前主将・谷町源が答辞を述べる姿を撮影する母・緑さん（中央）（愛知県豊橋市の県立豊橋西高校で2021年3月1日＝岸本悠撮影）

を見返すと、思わず涙がこぼれた。

小学3年でペルテス病が判明後、谷町を近隣の病院ではなく、治療実績が豊富な滋賀県の病院へ一人、入院させた。

「不安だったと思う。私も『あれでよかったのか』と悩んだこともありました」

遠い日の胸の痛みがよみがえる。

だが、谷町は入院と手術を繰り返し、満足に走ることもできないつらい時期に耐えた。一時は大好きな野球を諦めかけたが、またグラウンドに戻った。そして今、壇上で両親への感謝を述べている。その言葉を聞いて緑さんの胸のつかえもようやく下りる。

「昔は人前に出るような子じゃなかった。病気のことは本当に大変だったけれど、いろいろあったからこそ、こんな立派に成長してくれたのかな」

病を乗り越えたからこそ、学究の道へ

卒業後、谷町は信州大学の農学部で学ぶ。その進路

はペルテス病と無縁ではない。

高校の生物の授業の面白さから勉強に目覚めた。信州大農学部に筋肉に関する研究室があることを知った。ペルテス病に伴う腰や足の筋肉の痛みと付き合いながら野球に取り組んできたこともあり、「ここしかない」と決断した。入試の面接では「僕は病気を抱えながら、野球を頑張ってきた。何としても研究に携わりたい」と思いを伝えた。

同じ学年の高校球児は5万人規模だった。甲子園という華やかな舞台に立てたのはほんの一握りだ。だが、全ての球児が谷町のように部活を通して、喜怒哀楽の全てを経験し、成長してゆく。

谷町は「子供たちに夢を与えられるような教員になりたい」とも思うし、「自分のように病気を抱えている子供たちを助けられるような研究者になりたい」とも思う。一度は高校で区切りをつけようと思った野球への思いは断ち切れず、硬式野球部にも入った。夢は無限に広がっている。

「島よ、さらば」、喜びも悔しさも全てかけがえのない「宝物」

東京都立大島海洋国際高校端艇部
船橋れん

別れを惜しんだ在校生の姿が小さくなっていった。3月7日、伊豆大島（東京都大島町）にある都立大島海洋国際高校を卒業した船橋れん（18）は、大型船で「本土」の東京・竹芝へ向かっていた。制服の左ポケットに島名産のツバキの花を挿し、大島で過ごした日々を思い出していた。まだ肌寒い風が吹く中、空に響いた低音の「ボーッ」という汽笛が、3年間こぎ続けた端艇のオールとの別れ、そして苦楽をともにした仲間たちと別の道へ進む合図のようだった。

船橋にとって、全寮制の高校3年間の生活と端艇という団体競技は初めての経験だった。東京都西東京市出身で、中学まで空手を続けた。高校ではチームスポーツに取り組みたかった。「海国《かいこく》」の愛称で親しまれる大島海洋国際高を選択したのは、幼いころに頻繁に家族と沖縄でキャンプをするなど、自然と触れ合ったことで漠然と海への憧れを抱いていたから。海、そして団体競技のふたつを満たした部活動が海国の端艇部だった。家族の反対はなく、母・玲奈さん（43）からは「やりたいことをやればいい」と背中を押された。

入部後、熱心に部活動に打ち込んできたが、その熱量は周囲との摩擦にもつながった。顧問の西山大介教諭（43）に何度注意されても、個人競技を続けてきた船橋は他人と歩調を合わせるのが難しかった。高校1年の冬から約半年、部を離れ、態度を見つめ直した。

「自分が変わらないと、みんなが受け入れてくれないと常に言い聞かせて、極端に言えば、あいさつとか学校生活から見直しました。恥ずかしいですけど」と振り返る。

西山教諭にも認められ、高校2年の2019年7月ごろ、部に復帰した。部長を務めた中村龍鵬（18）らに言わせれば「見違えるように変わった」。連覇が懸かりながらも4位に終わった高校2年の夏の全国大会は、部から離れていたため何も貢献できなかった。「自分たちの代で優勝したい」と心に誓い、手や尻の皮がむけても、長さ4メートル、重さ11キロもあるオールを手にひたむきに艇をこぎ続けた。

そのさなかに直面したのが新型コロナウイルスだった。2020年2月13日を最後に部活動ができなくなり、3月からは休校となったため、島外出身者の船橋は他の島外出身者とそれぞれの実家に戻った。各自で筋力トレーニングをする日々を過ごし、もやもやする日常が続く中、5月には、毎年7月ごろに行われる全国大会の中止が決まった。最大の目標を失い、「悔しさとか、無力感が残るだけだった」。

「最後にもう一度、みんなでこぎたかった」

打ちひしがれる生徒たちのために「何とか試合をさせたい」と各校の顧問が中心となって特別大会が実現した。船橋らは、2020年9月12日に静岡県焼津市で開かれた大会に、焼津水産高校（静岡）、三谷水産高校（愛知）とともに出場した。

引退試合として臨み、有終の美を飾りたかったが、新型コロナで半年以上、満足に部活動が

引退レースに臨んだ船橋れん（静岡県焼津市で2020年9月12日＝倉沢仁志撮影）

できなかったハンディキャップは思ったより大きかった。艇はいくら個人の力が強くても、2列に並んだ12人のこぎ手それぞれが力を合わせないとスピードに乗ることはできない。9月以降、全員でこげたのは数回程度。練習不足は明らかで、タイムは3校中、最も遅かった。いつもは6分台が当たり前のチームが7分以上かかってしまった。「いまだに不完全燃焼で、卒業してもあの時の光景は悔しい思い出です」と漏らす。

引退すると、受験組の3年生は部活に顔を出すことはあまりないが、3年生部員の中で唯一の就職希望だった船橋は毎日、艇のある波浮港で後輩を指導した。「迷惑をかけた自分の面倒を最後まで見てくれた。恩返しです」

西山教諭は「よく後輩にアドバイスをしてくれて、こちらの想像以上にうまく教えてくれた。ありがたかった」と感謝する。

例年、卒業式前日には保護者や大島町民が見守る前で、1、2年生と引退した3年生が一緒に艇をこぐ。

引退レースで円陣を組む大島海洋国際高校端艇部の部員たち（静岡県焼津市で2020年9月12日＝倉沢仁志撮影）

年によっては「お別れレース」として行われる。ところが、実施時期に再び新型コロナが立ちはだかった。緊急事態宣言が東京都に再び発令されたため恒例行事は中止となった。「最後にもう一度、みんなでこぎたかったな」というのが船橋の本音だ。

船橋には卒業後、「海の男」として漁師になる希望があった。

「米カリフォルニアでカジキ漁をしたいんです。ずっと憧れていたこと」

新型コロナの影響もあって就職先が決まらなかったため、今は父・一幸さん（49）が経営する塗装業を手伝いながら、就職活動を続けている。

コロナに翻弄され続けた「最後の1年」だったが、最後まで目標を持ち続けることの大切さや、ひたむきな努力の必要性など、学んだことは多かった。

「宝物なんですよ。仲間も、このこげなかった1年を含めた3年間も。僕にとって島での思い出は、月並みですけどかけがえのないものなんです」

これからぶち当たるだろう人生の荒波も困難も、大島で過ごした経験があれば乗り越えていける。船橋は、そう信じている。

第6章 番外編

新型コロナウイルスの感染拡大に揺れる学生スポーツ界を描く毎日新聞の連載企画「#最後の1年」には、さまざまな声が寄せられました。授業の教材として生徒からの声を募集した高校、運動部の選手同様、「私も1年を失った」との思いをつづってくれた吹奏楽部の生徒、第1章で紹介したフロアバレーボール部への共感や激励の声、2020年8月にまとめた反響特集を紹介します。

逆境の中で見つけた光、授業で活用

中京大学付属中京高校
国語科・坂元路子教諭

野球やソフトボールなど、「#最後の1年」では高校スポーツも取り上げた。選手たちの「失われた1年」は同じ高校生の目にどのように映ったのだろうか。

「#最後の1年」を教材として活用したのは、名古屋市の中京大学付属中京高校。日ごろから新聞記事を授業に活用している国語科の坂元路子教諭(47)が着目し、コロナの影響に伴う休校が明けた6月、3年生の論文対策の授業で取り入れた。配られた連載記事を読んだ生徒36人が部活動や学校、家庭での生活など自身の「最後の1年」を400~600字にまとめた。

毎日新聞で連載中の「#最後の1年」などの記事のコピーを配り、文章を書くコツなどを指導する坂元路子教諭（右端）（愛知県名古屋市の中京大学付属中京高校で2020年7月30日＝長宗拓弥撮影）

坂元教諭は「この年代ならではの思いを残すべきだと考えました。生徒たちが抱いている思いを私自身が読みたかった」と狙いを語る。教諭は不安や不満ばかりが並ぶと想像していたが、現状を受け止め、前に進もうとする力強さが印象的だったという。SNS世代の生徒たちを「葛藤などを言葉にして発信するのが上手だ」と感じており、「大人が考えるよりも、高校生には生きる力があるんだと思った」と総括した。

さまざまな「最後の1年」が寄せられた中、2人の生徒に文章に込めた思いを取材した。さらに、いくつかの声を抜粋で紹介する。

命や日常、大切さをかみ締めて

中京大学付属中京高校バドミントン部3年
相坂捺寧さん

目指していた全国高校総合体育大会の中止、高まる受験勉強への不安、そして祖父との別れ――。バドミントン部3年の相坂捺寧《あいさかなつね》さん（18）は新型コロナウイルスに日常を奪われた、やりきれなさをつづった。ただ、それだけではない。「新しく得たものはそれ以上にある」と展開する文章は「悔いが残らないように過ごしたい気持ちになれたので、前向きなことを書きたかった」と振り返る。

2月末から休校となり、4月には史上初めて高校総体の中止が決まった。「仲間と切磋琢磨した日々も突如打ち切られてしまった」との無念さに襲われた。受験勉強に気持ちを切り替えようとしたが「何に対してもやりきれない思いばかりだった」のも本心だ。

最もつらかったのは、そんな中で迎えた祖父との別れだった。がんで入院していたが3月末に亡くなった。感染対策で面会は禁じられ、最期に立ち会うこともかなわなかった。

「また会えると思っていたのに」

涙が止まらず、冷たくなって自宅に戻った祖父に何と別れの言葉をかけたかも思い出せない。

6月に授業が再開し、沈んだ心を癒やしてくれたのは友人たちだった。「友達に会った時、ただそれだけなのに私はとても幸せを感じた」と表現した。

思えば「当たり前にできたことが当たり前にできなかった期間、私にとって失ったものは多くあった」。「しかし」と続けたのが「新しく得たものはそれ以上にある」の一節だ。

祖父の入院生活を通じ、言語聴覚士になる夢を見つけた。言語障害や聴覚障害が出た患者らのコミュニケーションを支援する仕事だ。祖父のリハビリに付き添い、食事や発声など「日常を支えてくれた」その存在を知り、自らもなりたいと思った。

コロナ禍の中で自分の将来について見つめ直すことができたと前向きな思いを語る相坂捺寧さん（愛知県名古屋市の中京大学付属中京高校で2020年7月30日＝長宗拓弥撮影）

文章の結びには、試練の中で得たたくましさが宿る。

「人の命や日常の大切さ、自分の将来に対しても見つめ直すことができた。この思いを忘れずに過去ではなく、前を見てこれからも頑張りたいと思う」

仲間との活動を自分の支えに

中京大学付属中京高校ダンス部3年
奥村美咲さん

約100人のダンス部で副部長を務める奥村美咲さん（17）は新型コロナウイルスの影響で活動が制限される中、「なぜ一人でもできるダンスにグループが作られたのか」と素朴な疑問が頭に浮かんだ。自身の心を見つめ、答えを導く形で文章をまとめた。

感染拡大でイベントや大会が相次いで中止となり、夏の日本高校ダンス部選手権への出場も取りやめとなった。「ダンスは披露して、見てもらうことが目的。（その場が失われれば）自分たちの中では何もせずに終わるのと一緒」との悔しさから「今まで積んできた努力をどこに向ければいいのか、日々複雑な思いを抱えている」と書いた。

休校の間も練習を重ねた。部員の自宅をウェブ会議ツール「Ｚｏｏｍ」でつないで踊った。だが本心は「つまんなかった」。映像では目配せができず、呼吸も合わない。「毎日のように顔を合わせていた生活がたった数カ月なくなっただけで、私たちの心は乱れていった」とも打ち明けた。

そんな中で疑問は浮かんできた。

「なぜ一人でもできるダンスにグループが作られたのか。なぜスポーツにチームという存在が生まれたのか」

休校期間を終え、再び一緒に踊り始めると、そこに答えはあった。衝突することも多かった仲間だが、誰もが集まってともに踊ることを心から求めていた。だから自らの心の動きを連ねた文章をこう結んだ。

「ただ、仲間と活動することが楽しく、それが私の支えになっているという事実だけであり、この先もこれ以外の答えを見つけることはできないと思う」

文章に込めた思いを語る奥村美咲さん（愛知県名古屋市の中京大学付属中京高校で2020年7月30日＝長宗拓弥撮影）

最後にステージが予定されていた9月の文化祭も中止が発表された。ただ授業で読んだ「#最後の1年」の記事では、コロナの中で光を探す全国各地の生徒たちが紹介されていた。

「つらいのは自分たちだけじゃないんだって勇気づけられた」

何より踊る仲間がそばにいる、そのこと自体の大切さに気づけた今は「暗い気持ちは一切ない」と力強く語る。

硬式野球部エース／高橋宏斗さん（中京大学付属中京高校）

出場を決めていた春のセンバツに続き、夏の甲子園も中止になった。

「その時はとても悔しく何も考えられませんでした。休校となり、練習もできなくなりました。チームメートに会えない日々が約2カ月間あり、当たり前の日常への感謝の気持ちと、仲間の大切さに気づかされました。甲子園中止で、大切なことを学ぶことができたと思います」

吹奏楽部／兵藤実優さん（同）

部長として臨むはずのコンクールも定期演奏会も野球部の応援も中止になった。

「すごく悔しかったです。皆そろって演奏し、それを誰かに聴いてもらえることは素晴らしいことだと思います。それを次の代の部員に伝えていくことが私の仕事なのではないかと思います」

福島理咲子さん（同）

休校に伴って自宅で過ごす時間が増え、母との会話が増えた。

「母は私が思うよりも弱い人だと分かった。いつも毅然と振る舞っているように見えた母は誰よりも助けてほしいと願っていたのだと18年も一緒にいて初めて知った。母の手伝いをできる限りするようになったことで、心なしか母の笑顔も増えた気がする。コロナ前よりも家はさらに居心地のよい場所になった」

近藤もえさん（同）

休校中、テレビやインターネットを通じて、幅広い世代の考えに触れる機会が増えた。「多くの人がいる社会で生きているという実感が生まれ、社会に向けて意見を持たなければいけないと思った。これまでは人の意見に流されていて、やりたいことは何か、どんな人間になりたいか、分かっていないことに気づいた。自分自身を知ることはこんなにも大事だったと学べてよかった」

音楽の力、信じて練習に励む

札幌市立向陵中学校吹奏楽部3年
須田羽奈さん

コロナ禍で「最後の1年」を失ったのは運動選手だけではなかった。吹奏楽の世界でもコンクールが中止となり、発表の舞台を奪われてしまった生徒がいた。夢を断たれ目標を失った生徒たちは、どのように立ち上がったのか、その思いを聞いた。

「運動部の人たちが最後の1年を失ったのと同じように、私たちも最後の1年を失っているのです」

便箋3枚に自筆で思いを書き連ねた手紙を取材班に送ってくれたのは、札幌市立向陵中学校3年で吹奏楽部部長の須田羽奈《はな》さん（15）。2020年8月初旬、同校に須田さんを訪ねた。

放課後、札幌市中央区にある同校多目的室で吹奏楽部員たちは合奏の練習に励んでいた。新型コロナ感染防止のため、息を吹き込む管楽器の担当以外の部員はマスクを着用。顧問の田中義啓教諭（54）の指揮で映画の挿入歌や流行曲を軽快に奏でた。統率する須田さんは後列で打楽器を担当しながら部員を見渡していた。

手紙をくれた、吹奏楽部で打楽器を担当する須田羽奈さん（家族提供）

「私たちが何気なく過ごしているありがたい毎日は『不確実さ』にあふれている。『絶対』が保証されることはないので、一日一日を大切に生きようと思う」

新型コロナで日常が奪われ、今も先行きが不透明な中で活動する胸中をこう表現した。

須田さんは転勤族の家庭に育ち、関西など全国を転々としてきた。札幌での生活は2度目で、

秋の定期演奏会に向けて練習する札幌市立向陵中学校の吹奏楽部員（北海道札幌市中央区の市立向陵中学校で2020年8月4日＝尾形有菜撮影）

吹奏楽は向陵中で始めた。音楽は小さいころから好きだったが、楽器の経験はなかった。前任校を全国大会に導き、須田さんの入学と同時に赴任してきた田中教諭に、一から基礎をたたき込まれた。

熱のこもった練習で部員たちは上達し、２０１９年は札幌地区大会を勝ち抜き、34年ぶりに北海道大会に進出。最高学年になり「全国も夢じゃない」と、なおいっそう練習に打ち込んでいた時に新型コロナに見舞われた。活動休止に追い込まれ、政府の緊急事態宣言の対象が全国に広がっていた5月上旬、最大の目標としていた秋の全日本吹奏楽コンクールの中止が決まった。

そんな時、毎日新聞で始まった連載企画「#最後の1年」を読み、取材班に手紙を書いた。「人は本当に悲しい時、涙も出ないほど衝撃を受けることが分かりました」とつづり、こう続けた。

「命が最優先。コンクールだけが全てじゃない。どれもその通りです。でも私たちにとっては掛け替えのな

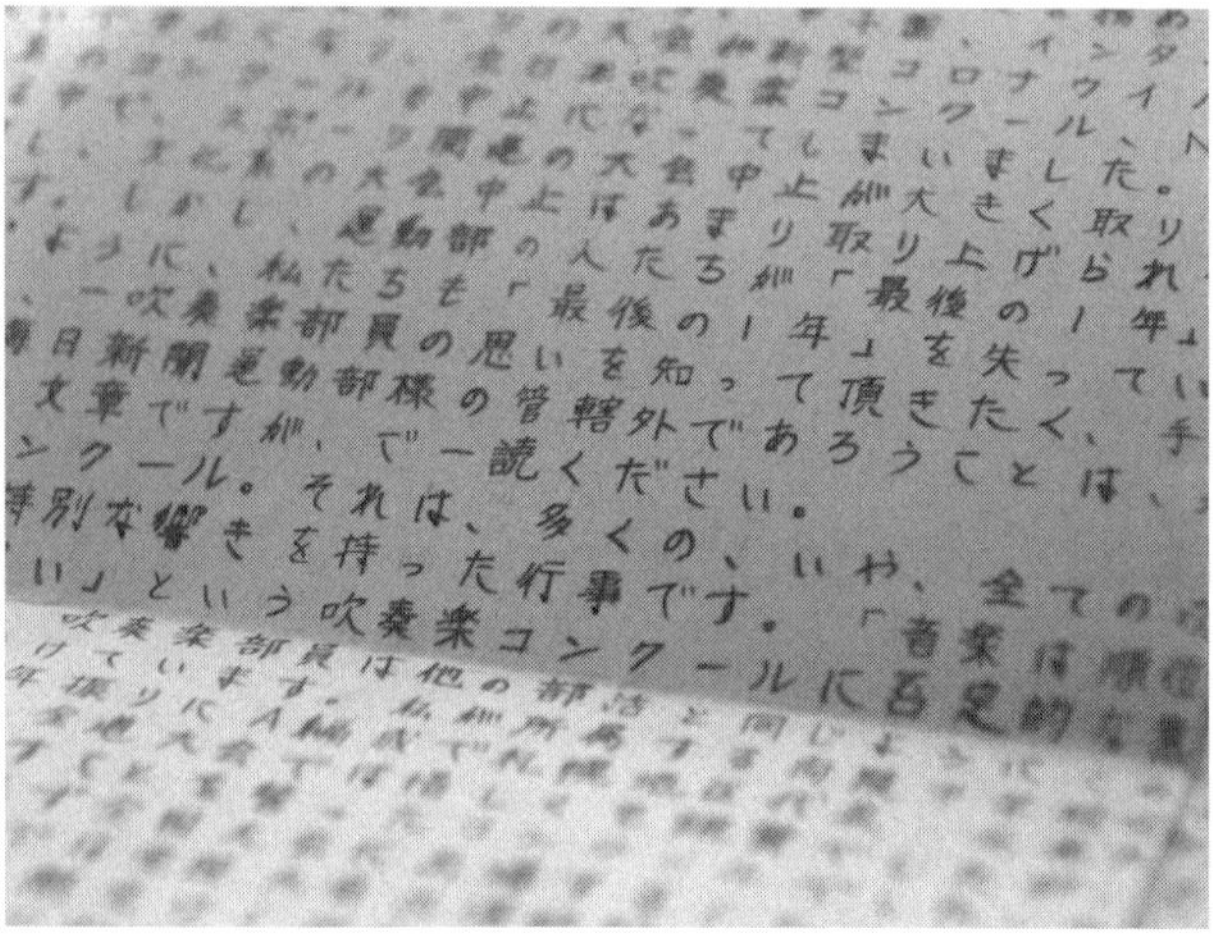

須田羽奈さんから取材班に届いた手紙（2020年8月18日＝尾形有菜撮影）

い最後の1年。どんな言葉でも喪失感を拭いきれないほどの大きな出来事なのです」

6月から活動を再開しているが、部員60人の大所帯で、密を避けるため全体練習の回数は減らしている。今の目標は10月に校内体育館で予定されている定期演奏会だ。ただ感染は再拡大しており、集大成がどういう場になるか、見通しは立たない。

それでも須田さんは新型コロナに翻弄される中で確信したことがある。それは音楽の力だ。

「私たちの最後の1年はまだ終わっていません。日々の自粛で疲弊した人々の心を救えるのは音楽だからです。もちろん、音楽には物理的に人の心を救う力はありません。しかし、海外で医療従事者に向けた合唱が行われているように、音楽には人の心を安らかにし、励ます力があります」

その信念が須田さんを突き動かしている。

記事を通して広がる共感の輪

筑波大学付属視覚特別支援学校
フロアバレーボール部
顧問・古田義之輔教諭

フロアバレーボール（第1章で紹介）について、記事をきっかけに多くの人が知ることになった。筑波大学付属視覚特別支援学校（東京都文京区）に寄せられた多く声を顧問の古田義之輔教諭（40）はどう受け止めたのか、話を聞いた。

同校フロアバレーボール部を巡っては共感と支援の輪が広がっている。顧問の古田教諭は「生徒は難しい社会情勢の中、もがきながら成長している。一生懸命に取り組む選手はどこにでもいることを知ってもらえた」と感じている。

記事では、ネットの下を通して打ち合うバレーボールに似たこの競技に打ち込む、生徒が主人公。目標としていた「盲学校の甲子園」こと全国盲学校フロアバレーボール大会が中止となった悔しさや、それでも前を向く力強さが描かれた。毎日新聞社発行の週刊点字新聞「点字毎日」にも一部掲載された。

古田教諭の元には、生徒の保護者や、大会を主催する全国盲学校体育連盟の教員らから「最後の大会を失った無念はよく分かる」「3年間頑張ってきた選手たちの思いを改めて知った」などの感想が寄せられた。統括団体の日本フロアバレーボール連盟幹部の間にも「何とかして

筑波大学付属視覚特別支援学校フロアバレーボール部を舞台とした「#最後の1年」の記事が掲載された毎日新聞と、点字毎日を手に笑顔を見せる顧問の古田義之輔教諭（同校提供）

あげたい」との声が上がり、今後、代替大会開催など救済措置が検討される可能性があるという。

同校では感染防止のため部活動を休止しているが、トレーニングを続け、再開を心待ちにする3年生もいる。古田教諭は「生徒たちは努力を惜しまず活動してきた。集大成の舞台が実現してほしい」と望んでいる。

おわりに

「#最後の1年」の連載を開始して間もない2020年初夏、当時、運動部長だった私が出社すると、自席にかわいらしい封筒が置かれていた。本書の番外編で紹介した札幌市の須田羽奈さんから届いた手紙だった。

「私たちも最後の1年を失っているのです」

吹奏楽部だった須田さんは、スポーツ取材をする運動部が担当ではないことを承知のうえで、便箋3枚にびっしりと思いを寄せてくれた。どんな気持ちで机に向かい、したためてくれたのだろうか。私は「須田さんに会いに行ってほしい」と取材班に呼びかけた。「私も文化系の部に所属していたので気持ちは分かります」。手を挙げてくれたのは入社7年目、運動部に配属されたばかりの尾形有菜記者だった。東京から県をまたいでの移動が制限されていたころでもあり、地方取材を実現するには時間がかかったが、尾形記者は須田さん、そしてお母様にも会って、思いの丈を聞いた。須田さんの人生はこれからも続く。その中では幸せな日々がたくさん訪れるだろう。それでもこの瞬間は悲しくて、とても苦しい。そんな時でも寄り添ってくれる人がいることを伝えたかった。

名古屋市の中京大学付属中京高校の坂元路子教諭は、連載を教材に生徒36人にとっての「最後の1年」を書いた作文を送ってくれ、長宗拓弥記者が取材に訪れた。福島理咲子さんは休校によって自宅で過ごす時間が増え、「いつも毅然と振る舞っているように見えた母は誰よりも助けてほしいと願っていたのだと18年も一緒にいて初めて知った」とつづっていた。プロ野球の中日ドラゴンズに入団した高橋宏斗投手の作文もあった。作文を通してありのままの高校生の声を聞くことができた。

普段はトップスポーツを取材することが多い私たちがこの連載で残したかったものは、当たり前に続くはずだった日常の光景だ。五輪史上初めて1年延期となった東京オリンピック・パラリンピックを目指すアスリートの葛藤は、2021年になり、大会が近づけば表現することができる。だからこそ、取材対象は草の根の地域スポーツから学生スポーツまで、人生に一度しかなく、かけがえのない最終学年の「最後の1年」に絞った。私たちの身近に存在する人々の姿を描き、この1年に何が起きていたのかを後世に残したい。そんな思いだった。毎日新聞のニュースサイトと紙面で並行した連載だったが、紙面の読者は主に手紙で、ネットのユーザーは投稿フォームなどから自身のエピソードや激励を寄せてくれた。選手たちに対し、わが子のように感情を移入した親の世代の共感も多かった。紹介できたエピソードはごく一部にすぎないが、それほどコロナ禍に生きる人々は切実だったとも思い知らされた。

連載が回を重ねるにつれ、当初のテーマ設定とは少しずれてしまったと感じた。なぜなら、私たちは2021年になればコロナ禍の先に光があると希望的な観測を持ち、この1年は特別なものと仮定していたからだ。しかし現実は違った。年度が変わっても、コロナの影響で出場辞退などの悲劇は続いた。修学旅行や発表会といった学校行事も引き続き中止となり、友人と語らう機会や遠く離れた身内との再会も制限され、大切な人との別れにも立ち会えなかった人々もいる。コロナ禍は収束が見えず、２０２１年夏になっても私たちは日常を取り戻せていない。

57年ぶりに東京で開催されたオリンピックも無観客だった。ワクチン接種が進まずに感染拡大の「第5波」が脅威となり、人々が一体になれる力を持ったスポーツの祭典は賛否で世論を分断した。逼迫《ひっぱく》した状況でオリンピックなんて見たくもないという人々も多くいた。オリンピックが感染爆発を招いたとの批判もあった。一方で、逆境にあっても力を尽くす世界のアスリートの姿に、開幕まではとげとげしかった世論が和らぐような変化も感じた。アスリートの奮闘は、1年半も続いた緊張した日々を少しでも忘れさせてくれたのかもしれないが、それがスポーツの力だとは単純に受け止められない。これから、私たちは複雑で多様な思いを互いに尊重しながら、新しい社会を築いていかなければならない。

ニューヨーク特派員をしていた時に「Ｃｌａｓｓ ｏｆ ＸＸＸ」という言葉を、よく目にした。「Ｘ」には西暦にあたる数字が入り、その年に卒業した生徒や学生をそう呼ぶことで、将来にわたって一体感を育んでいた。年度単位の日本にあてはめるなら、２０２０年度に最終学年を迎えた生徒や学生たちは「Ｃｌａｓｓ ｏｆ ２０２０」と呼んでいい。年度が改まって、新たな「最後の1年」を迎えた若者たちの苦闘も続いている。ただ、最初に未知の不安と向き合い暗闇でもがいた「Ｃｌａｓｓ ｏｆ ２０２０」こそが、この世代のフロントランナーだ。

彼ら、彼女たちには余波が続く後輩たちも含めた次世代に葛藤と希望を語り継ぐ担い手となってほしい。10年、20年、30年を経て、この時代の記憶を呼び戻す時、本書が一助になれば望外の喜びである。

連載の取材は長期にわたるため、東京本社にとどまらず、大阪本社、西部本社、高知支局で意欲のある記者に手を挙げてもらった。本書では紹介しきれなかったが、たくさんの方に激励の言葉をいただいた。ミズノ所属のアスリート、飯塚翔太さんも「先輩として、この世代へのメッセージを」とのお願いを快く引き受けてくれた一人だ。その熱い気持ちはコロナ禍の中、「最後の1年」を闘う若者たちの励みになったと思う。

また、連載に登場した若者たちの思いに共感してくれた毎日新聞出版の峯晴子さんの力添えがなければ、本書は実現できなかった。

ここで全員の名前を挙げることはできないが、このテーマに心を動かされ、思いを語ってくれたすべての人々に心から感謝したい。

2021年8月

毎日新聞東京本社コンテンツ編成センター次長　兼
東京五輪・パラリンピック報道本部長
小坂　大

毎日新聞

東京本社運動部

部長
小坂 大

担当デスク
藤野智成
井澤 真
山本浩資
江連能弘
立松敏幸
芳賀竜也

担当記者
小林悠太
黒川 優
谷口拓未
松本 晃
倉沢仁志
岸本 悠
中村有花
尾形有菜
円谷美晶
岩壁 峻
森野 俊
藤井朋子

大阪本社運動部
長宗拓弥
石川裕士
新井隆一

西部本社報道部運動グループ
吉見裕都

高知支局
北村 栞

ブックデザイン　鈴木成一デザイン室
編集協力　阿部えり
ＤＴＰ　センターメディア

最後《さいご》の一年《いちねん》　緊急《きんきゅう》事態《じたい》宣言《せんげん》——学生《がくせい》アスリートたちの闘《たたか》い

印刷　2021年10月1日
発行　2021年10月15日

著者　毎日新聞運動部《まいにちしんぶんうんどうぶ》
発行人　小島明日奈
発行所　毎日新聞出版
〒102-0074
東京都千代田区九段南1-6-17　千代田会館5階
営業本部　03(6265)6941
図書第二編集部　03(6265)6746

印刷・製本　光邦

ISBN978-4-620-32705-1